Sozialgesetzbuch (SGB) - Achtes Buch (VIII) - Kinder- und Jugendhilfe

2. Auflage 2016

Impressum

© MGJV-Verlag, Hans-Much-Weg 14, 20249 Hamburg, Telefon: 040/ 32030589;   Bitte wenden Sie sich mit Ihren Anliegen auch auf elektronischem Wege an uns: *MGJV.Verlag@gmail.com*

Inhaltliche Verantwortung und Aktualität: Redaktion MGJV

Satz, Druck und Bindung: Externe Dienstleister; alle Rechte MGJV-Verlag

Umschlaggestaltung: Gustav Broedecker. Alle Rechte MGJV-Verlag

Wir sind bemüht, ein ansprechendes Produkt zu gestalten, dass angemessenen Ansprüchen an das Preis/Leistungsverhältnis und vernünftigen Qualitätserwartungen gerecht wird. Konstruktive Anregungen nutzen wir gerne, um künftige Auflagen zu ergänzen und anzupassen.

Die Rechte am Werk, insbesondere für die Zusammenstellung, die Cover- und weitere Gestaltung liegen beim Verlag. Trotz sorgfältigster Bearbeitung und Qualitätskontrolle können Übertragungsfehler und technische Fehler nicht letztgültig ausgeschlossen werden. Fachanwaltliche Beratung wird durch die Konsultation einer Rechtssammlung nicht ersetzt.

- - - - -

Über eine Bewertung bei Amazon oder anderen Distributoren freut sich die Redaktion. Mit Kritik und Verbesserungsvorschlägen für künftige Ausgaben wenden Sie sich auch gerne an MGJV.Verlag@gmail.com

Vielen Dank, Ihre Redaktion MGJV

Inhaltsverzeichnis

4

Sozialgesetzbuch (SGB)

- Achtes Buch (VIII) - Kinder- und Jugendhilfe - (Artikel 1 des Gesetzes v. 26. Juni 1990, BGBl. I S. 1163)

SGB 8

Ausfertigungsdatum: 26.06.1990

"Das Achte Buch Sozialgesetzbuch – Kinder und Jugendhilfe – in der Fassung der Bekanntmachung vom 11. September 2012 (BGBl. I S. 2022), das zuletzt durch Artikel 1 des Gesetzes vom 28. Oktober 2015 (BGBl. I S. 1802) geändert worden ist". Neugefasst durch Bek. v. 11.9.2012 I 2022; zuletzt geändert durch Art. 1 G v. 28.10.2015 I 1802.

Fußnote

(+++ Textnachweis ab: 1.1.1991 +++)
(+++ Zur Anwendung vgl. § 42f +++)
(+++ Maßgaben aufgrund des EinigVtr vgl. SGB 8 Anhang EV +++)

Das G wurde vom Bundestag mit Zustimmung des Bundesrates beschlossen. Es ist gem. Art. 24 Satz 1 G 860-8-1 v. 26.6.1990 I 1163 (KJHG) am 1.1.1991 in Kraft getreten. In dem in Art. 3 des Einigungsvertrages genannten Gebiet ist das G gem. Anlage I Kap. X Sachg. B Nr. 1 Buchst. k iVm Art. 1 G v. 23.9.1990 II 885, 1072 mit dem Wirksamwerden des Beitritts (3.10.1990) in Kraft getreten. Berlin-Klausel vgl. Art. 23 KJHG

-

§ 1 Recht auf Erziehung, Elternverantwortung, Jugendhilfe

(1) Jeder junge Mensch hat ein Recht auf Förderung seiner Entwicklung und auf Erziehung zu einer eigenverantwortlichen und gemeinschaftsfähigen Persönlichkeit.

(2) Pflege und Erziehung der Kinder sind das natürliche Recht der Eltern und die zuvörderst ihnen obliegende Pflicht. Über ihre Betätigung wacht die staatliche Gemeinschaft.

(3) Jugendhilfe soll zur Verwirklichung des Rechts nach Absatz 1 insbesondere

1.

junge Menschen in ihrer individuellen und sozialen Entwicklung fördern und dazu beitragen, Benachteiligungen zu vermeiden oder abzubauen,

2.

Eltern und andere Erziehungsberechtigte bei der Erziehung beraten und unterstützen,

3.

Kinder und Jugendliche vor Gefahren für ihr Wohl schützen,

4.

dazu beitragen, positive Lebensbedingungen für junge Menschen und ihre Familien sowie eine kinder- und familienfreundliche Umwelt zu erhalten oder zu schaffen.

-

§ 2 Aufgaben der Jugendhilfe

(1) Die Jugendhilfe umfasst Leistungen und andere Aufgaben zugunsten junger Menschen und Familien.

(2) Leistungen der Jugendhilfe sind:

1.

Angebote der Jugendarbeit, der Jugendsozialarbeit und des erzieherischen Kinder- und Jugendschutzes (§§ 11 bis 14),

2.

Angebote zur Förderung der Erziehung in der Familie (§§ 16 bis 21),

3.

Angebote zur Förderung von Kindern in Tageseinrichtungen und in

Tagespflege (§§ 22 bis 25),

4.

Hilfe zur Erziehung und ergänzende Leistungen (§§ 27 bis 35, 36, 37, 39, 40),

5.

Hilfe für seelisch behinderte Kinder und Jugendliche und ergänzende Leistungen (§§ 35a bis 37, 39, 40),

6.

Hilfe für junge Volljährige und Nachbetreuung (§ 41).

(3) Andere Aufgaben der Jugendhilfe sind

1.

die Inobhutnahme von Kindern und Jugendlichen (§ 42),

2.

die vorläufige Inobhutnahme von ausländischen Kindern und Jugendlichen nach unbegleiteter Einreise (§ 42a),

3.

die Erteilung, der Widerruf und die Zurücknahme der Pflegeerlaubnis (§§ 43, 44),

4.

die Erteilung, der Widerruf und die Zurücknahme der Erlaubnis für den Betrieb einer Einrichtung sowie die Erteilung nachträglicher Auflagen und die damit verbundenen Aufgaben (§§ 45 bis 47, 48a),

5.

die Tätigkeitsuntersagung (§§ 48, 48a),

6.

die Mitwirkung in Verfahren vor den Familiengerichten (§ 50),

7.

die Beratung und Belehrung in Verfahren zur Annahme als Kind (§ 51),

8.

die Mitwirkung in Verfahren nach dem Jugendgerichtsgesetz (§ 52),

9.

die Beratung und Unterstützung von Müttern bei Vaterschaftsfeststellung und Geltendmachung von Unterhaltsansprüchen sowie von Pflegern und Vormündern (§§ 52a, 53),

10.

die Erteilung, der Widerruf und die Zurücknahme der Erlaubnis zur Übernahme von Vereinsvormundschaften (§ 54),

11.

Beistandschaft, Amtspflegschaft, Amtsvormundschaft und Gegenvormundschaft des Jugendamts (§§ 55 bis 58),

12.

Beurkundung (§ 59),

13.

die Aufnahme von vollstreckbaren Urkunden (§ 60).

§ 3 Freie und öffentliche Jugendhilfe

(1) Die Jugendhilfe ist gekennzeichnet durch die Vielfalt von Trägern unterschiedlicher Wertorientierungen und die Vielfalt von Inhalten, Methoden und Arbeitsformen.
(2) Leistungen der Jugendhilfe werden von Trägern der freien Jugendhilfe und von Trägern der öffentlichen Jugendhilfe erbracht.
Leistungsverpflichtungen, die durch dieses Buch begründet werden, richten sich an die Träger der öffentlichen Jugendhilfe.
(3) Andere Aufgaben der Jugendhilfe werden von Trägern der öffentlichen Jugendhilfe wahrgenommen. Soweit dies ausdrücklich bestimmt ist, können Träger der freien Jugendhilfe diese Aufgaben wahrnehmen oder mit ihrer Ausführung betraut werden.

§ 4 Zusammenarbeit der öffentlichen Jugendhilfe mit der freien Jugendhilfe

(1) Die öffentliche Jugendhilfe soll mit der freien Jugendhilfe zum Wohl junger Menschen und ihrer Familien partnerschaftlich zusammenarbeiten. Sie hat dabei die Selbständigkeit der freien Jugendhilfe in Zielsetzung und Durchführung ihrer Aufgaben sowie in der Gestaltung ihrer Organisationsstruktur zu achten.
(2) Soweit geeignete Einrichtungen, Dienste und Veranstaltungen von anerkannten Trägern der freien Jugendhilfe betrieben werden oder rechtzeitig geschaffen werden können, soll die öffentliche Jugendhilfe von eigenen Maßnahmen absehen.
(3) Die öffentliche Jugendhilfe soll die freie Jugendhilfe nach Maßgabe dieses Buches fördern und dabei die verschiedenen Formen der Selbsthilfe stärken.

§ 5 Wunsch- und Wahlrecht

(1) Die Leistungsberechtigten haben das Recht, zwischen Einrichtungen und Diensten verschiedener Träger zu wählen und Wünsche hinsichtlich der Gestaltung der Hilfe zu äußern. Sie sind auf dieses Recht hinzuweisen.
(2) Der Wahl und den Wünschen soll entsprochen werden, sofern dies nicht mit unverhältnismäßigen Mehrkosten verbunden ist. Wünscht der Leistungsberechtigte die Erbringung einer in § 78a genannten Leistung in einer Einrichtung, mit deren Träger keine Vereinbarungen nach § 78b bestehen, so soll der Wahl nur entsprochen werden, wenn die Erbringung der

Leistung in dieser Einrichtung im Einzelfall oder nach Maßgabe des Hilfeplans (§ 36) geboten ist.

-

§ 6 Geltungsbereich

(1) Leistungen nach diesem Buch werden jungen Menschen, Müttern, Vätern und Personensorgeberechtigten von Kindern und Jugendlichen gewährt, die ihren tatsächlichen Aufenthalt im Inland haben. Für die Erfüllung anderer Aufgaben gilt Satz 1 entsprechend. Umgangsberechtigte haben unabhängig von ihrem tatsächlichen Aufenthalt Anspruch auf Beratung und Unterstützung bei der Ausübung des Umgangsrechts, wenn das Kind oder der Jugendliche seinen gewöhnlichen Aufenthalt im Inland hat.
(2) Ausländer können Leistungen nach diesem Buch nur beanspruchen, wenn sie rechtmäßig oder auf Grund einer ausländerrechtlichen Duldung ihren gewöhnlichen Aufenthalt im Inland haben. Absatz 1 Satz 2 bleibt unberührt.
(3) Deutschen können Leistungen nach diesem Buch auch gewährt werden, wenn sie ihren Aufenthalt im Ausland haben und soweit sie nicht Hilfe vom Aufenthaltsland erhalten.
(4) Regelungen des über- und zwischenstaatlichen Rechts bleiben unberührt.

-

§ 7 Begriffsbestimmungen

(1) Im Sinne dieses Buches ist

1.
   Kind, wer noch nicht 14 Jahre alt ist, soweit nicht die Absätze 2 bis 4 etwas anderes bestimmen,

2.
   Jugendlicher, wer 14, aber noch nicht 18 Jahre alt ist,

3.
   junger Volljähriger, wer 18, aber noch nicht 27 Jahre alt ist,

4.
   junger Mensch, wer noch nicht 27 Jahre alt ist,

5.
   Personensorgeberechtigter, wem allein oder gemeinsam mit einer anderen Person nach den Vorschriften des Bürgerlichen Gesetzbuchs die Personensorge zusteht,

6.
   Erziehungsberechtigter, der Personensorgeberechtigte und jede sonstige Person über 18 Jahre, soweit sie auf Grund einer Vereinbarung mit dem Personensorgeberechtigten nicht nur vorübergehend und nicht nur für

einzelne Verrichtungen Aufgaben der Personensorge wahrnimmt.

(2) Kind im Sinne des § 1 Absatz 2 ist, wer noch nicht 18 Jahre alt ist.

(3) Werktage im Sinne der §§ 42a bis 42c sind die Wochentage Montag bis Freitag; ausgenommen sind gesetzliche Feiertage.

(4) Die Bestimmungen dieses Buches, die sich auf die Annahme als Kind beziehen, gelten nur für Personen, die das 18. Lebensjahr noch nicht vollendet haben.

-

§ 8 Beteiligung von Kindern und Jugendlichen

(1) Kinder und Jugendliche sind entsprechend ihrem Entwicklungsstand an allen sie betreffenden Entscheidungen der öffentlichen Jugendhilfe zu beteiligen. Sie sind in geeigneter Weise auf ihre Rechte im Verwaltungsverfahren sowie im Verfahren vor dem Familiengericht und dem Verwaltungsgericht hinzuweisen.

(2) Kinder und Jugendliche haben das Recht, sich in allen Angelegenheiten der Erziehung und Entwicklung an das Jugendamt zu wenden.

(3) Kinder und Jugendliche haben Anspruch auf Beratung ohne Kenntnis des Personensorgeberechtigten, wenn die Beratung auf Grund einer Not- und Konfliktlage erforderlich ist und solange durch die Mitteilung an den Personensorgeberechtigten der Beratungszweck vereitelt würde. § 36 des Ersten Buches bleibt unberührt.

Fußnote

(+++ § 8 Abs. 1: Zur Anwendung vgl. § 42f Abs. 1 +++)

-

§ 8a Schutzauftrag bei Kindeswohlgefährdung

(1) Werden dem Jugendamt gewichtige Anhaltspunkte für die Gefährdung des Wohls eines Kindes oder Jugendlichen bekannt, so hat es das Gefährdungsrisiko im Zusammenwirken mehrerer Fachkräfte einzuschätzen. Soweit der wirksame Schutz dieses Kindes oder dieses Jugendlichen nicht in Frage gestellt wird, hat das Jugendamt die Erziehungsberechtigten sowie das Kind oder den Jugendlichen in die Gefährdungseinschätzung einzubeziehen und, sofern dies nach fachlicher Einschätzung erforderlich ist, sich dabei einen unmittelbaren Eindruck von dem Kind und von seiner persönlichen Umgebung zu verschaffen. Hält das Jugendamt zur Abwendung der Gefährdung die Gewährung von Hilfen für geeignet und notwendig, so hat es diese den Erziehungsberechtigten anzubieten.

(2) Hält das Jugendamt das Tätigwerden des Familiengerichts für erforderlich, so hat es das Gericht anzurufen; dies gilt auch, wenn die

Erziehungsberechtigten nicht bereit oder in der Lage sind, bei der Abschätzung des Gefährdungsrisikos mitzuwirken. Besteht eine dringende Gefahr und kann die Entscheidung des Gerichts nicht abgewartet werden, so ist das Jugendamt verpflichtet, das Kind oder den Jugendlichen in Obhut zu nehmen.

(3) Soweit zur Abwendung der Gefährdung das Tätigwerden anderer Leistungsträger, der Einrichtungen der Gesundheitshilfe oder der Polizei notwendig ist, hat das Jugendamt auf die Inanspruchnahme durch die Erziehungsberechtigten hinzuwirken. Ist ein sofortiges Tätigwerden erforderlich und wirken die Personensorgeberechtigten oder die Erziehungsberechtigten nicht mit, so schaltet das Jugendamt die anderen zur Abwendung der Gefährdung zuständigen Stellen selbst ein.

(4) In Vereinbarungen mit den Trägern von Einrichtungen und Diensten, die Leistungen nach diesem Buch erbringen, ist sicherzustellen, dass

1.

deren Fachkräfte bei Bekanntwerden gewichtiger Anhaltspunkte für die Gefährdung eines von ihnen betreuten Kindes oder Jugendlichen eine Gefährdungseinschätzung vornehmen,

2.

bei der Gefährdungseinschätzung eine insoweit erfahrene Fachkraft beratend hinzugezogen wird sowie

3.

die Erziehungsberechtigten sowie das Kind oder der Jugendliche in die Gefährdungseinschätzung einbezogen werden, soweit hierdurch der wirksame Schutz des Kindes oder Jugendlichen nicht in Frage gestellt wird.

In die Vereinbarung ist neben den Kriterien für die Qualifikation der beratend hinzuzuziehenden insoweit erfahrenen Fachkraft insbesondere die Verpflichtung aufzunehmen, dass die Fachkräfte der Träger bei den Erziehungsberechtigten auf die Inanspruchnahme von Hilfen hinwirken, wenn sie diese für erforderlich halten, und das Jugendamt informieren, falls die Gefährdung nicht anders abgewendet werden kann.

(5) Werden einem örtlichen Träger gewichtige Anhaltspunkte für die Gefährdung des Wohls eines Kindes oder eines Jugendlichen bekannt, so sind dem für die Gewährung von Leistungen zuständigen örtlichen Träger die Daten mitzuteilen, deren Kenntnis zur Wahrnehmung des Schutzauftrags bei Kindeswohlgefährdung nach § 8a erforderlich ist. Die Mitteilung soll im Rahmen eines Gespräches zwischen den Fachkräften der beiden örtlichen Träger erfolgen, an dem die Personensorgeberechtigten sowie das Kind oder der Jugendliche beteiligt werden sollen, soweit hierdurch der wirksame Schutz des Kindes oder des Jugendlichen nicht in Frage gestellt wird.

-

§ 8b Fachliche Beratung und Begleitung zum Schutz von Kindern und Jugendlichen

(1) Personen, die beruflich in Kontakt mit Kindern oder Jugendlichen stehen, haben bei der Einschätzung einer Kindeswohlgefährdung im Einzelfall gegenüber dem örtlichen Träger der Jugendhilfe Anspruch auf Beratung durch eine insoweit erfahrene Fachkraft.

(2) Träger von Einrichtungen, in denen sich Kinder oder Jugendliche ganztägig oder für einen Teil des Tages aufhalten oder in denen sie Unterkunft erhalten, und die zuständigen Leistungsträger, haben gegenüber dem überörtlichen Träger der Jugendhilfe Anspruch auf Beratung bei der Entwicklung und Anwendung fachlicher Handlungsleitlinien

1.

  zur Sicherung des Kindeswohls und zum Schutz vor Gewalt sowie

2.

  zu Verfahren der Beteiligung von Kindern und Jugendlichen an strukturellen Entscheidungen in der Einrichtung sowie zu Beschwerdeverfahren in persönlichen Angelegenheiten.

-

§ 9 Grundrichtung der Erziehung, Gleichberechtigung von Mädchen und Jungen

Bei der Ausgestaltung der Leistungen und der Erfüllung der Aufgaben sind

1.

  die von den Personensorgeberechtigten bestimmte Grundrichtung der Erziehung sowie die Rechte der Personensorgeberechtigten und des Kindes oder des Jugendlichen bei der Bestimmung der religiösen Erziehung zu beachten,

2.

  die wachsende Fähigkeit und das wachsende Bedürfnis des Kindes oder des Jugendlichen zu selbständigem, verantwortungsbewusstem Handeln sowie die jeweiligen besonderen sozialen und kulturellen Bedürfnisse und Eigenarten junger Menschen und ihrer Familien zu berücksichtigen,

3.

  die unterschiedlichen Lebenslagen von Mädchen und Jungen zu berücksichtigen, Benachteiligungen abzubauen und die Gleichberechtigung von Mädchen und Jungen zu fördern.

-

§ 10 Verhältnis zu anderen Leistungen und Verpflichtungen

(1) Verpflichtungen anderer, insbesondere der Träger anderer

Sozialleistungen und der Schulen, werden durch dieses Buch nicht berührt. Auf Rechtsvorschriften beruhende Leistungen anderer dürfen nicht deshalb versagt werden, weil nach diesem Buch entsprechende Leistungen vorgesehen sind.

(2) Unterhaltspflichtige Personen werden nach Maßgabe der §§ 90 bis 97b an den Kosten für Leistungen und vorläufige Maßnahmen nach diesem Buch beteiligt. Soweit die Zahlung des Kostenbeitrags die Leistungsfähigkeit des Unterhaltspflichtigen mindert oder der Bedarf des jungen Menschen durch Leistungen und vorläufige Maßnahmen nach diesem Buch gedeckt ist, ist dies bei der Berechnung des Unterhalts zu berücksichtigen.

(3) Die Leistungen nach diesem Buch gehen Leistungen nach dem Zweiten Buch vor. Abweichend von Satz 1 gehen Leistungen nach § 3 Absatz 2, den §§ 14 bis 16g, § 19 Absatz 2 in Verbindung mit § 28 Absatz 6 des Zweiten Buches sowie Leistungen nach § 6b Absatz 2 des Bundeskindergeldgesetzes in Verbindung mit § 28 Absatz 6 des Zweiten Buches den Leistungen nach diesem Buch vor.

(4) Die Leistungen nach diesem Buch gehen Leistungen nach dem Zwölften Buch vor. Abweichend von Satz 1 gehen Leistungen nach § 27a Absatz 1 in Verbindung mit § 34 Absatz 6 des Zwölften Buches und Leistungen der Eingliederungshilfe nach dem Zwölften Buch für junge Menschen, die körperlich oder geistig behindert oder von einer solchen Behinderung bedroht sind, den Leistungen nach diesem Buch vor. Landesrecht kann regeln, dass Leistungen der Frühförderung für Kinder unabhängig von der Art der Behinderung vorrangig von anderen Leistungsträgern gewährt werden.

Zweites Kapitel
Leistungen der Jugendhilfe

Erster Abschnitt
Jugendarbeit, Jugendsozialarbeit, erzieherischer Kinder- und Jugendschutz

-

§ 11 Jugendarbeit

(1) Jungen Menschen sind die zur Förderung ihrer Entwicklung erforderlichen Angebote der Jugendarbeit zur Verfügung zu stellen. Sie sollen an den Interessen junger Menschen anknüpfen und von ihnen mitbestimmt und mitgestaltet werden, sie zur Selbstbestimmung befähigen und zu gesellschaftlicher Mitverantwortung und zu sozialem Engagement anregen und hinführen.

(2) Jugendarbeit wird angeboten von Verbänden, Gruppen und Initiativen der Jugend, von anderen Trägern der Jugendarbeit und den Trägern der öffentlichen Jugendhilfe. Sie umfasst für Mitglieder bestimmte Angebote, die

offene Jugendarbeit und gemeinwesenorientierte Angebote.

(3) Zu den Schwerpunkten der Jugendarbeit gehören:

1.

   außerschulische Jugendbildung mit allgemeiner, politischer, sozialer, gesundheitlicher, kultureller, naturkundlicher und technischer Bildung,

2.

   Jugendarbeit in Sport, Spiel und Geselligkeit,

3.

   arbeitswelt-, schul- und familienbezogene Jugendarbeit,

4.

   internationale Jugendarbeit,

5.

   Kinder- und Jugenderholung,

6.

   Jugendberatung.

(4) Angebote der Jugendarbeit können auch Personen, die das 27. Lebensjahr vollendet haben, in angemessenem Umfang einbeziehen.

-

§ 12 Förderung der Jugendverbände

(1) Die eigenverantwortliche Tätigkeit der Jugendverbände und Jugendgruppen ist unter Wahrung ihres satzungsgemäßen Eigenlebens nach Maßgabe des § 74 zu fördern.

(2) In Jugendverbänden und Jugendgruppen wird Jugendarbeit von jungen Menschen selbst organisiert, gemeinschaftlich gestaltet und mitverantwortet. Ihre Arbeit ist auf Dauer angelegt und in der Regel auf die eigenen Mitglieder ausgerichtet, sie kann sich aber auch an junge Menschen wenden, die nicht Mitglieder sind. Durch Jugendverbände und ihre Zusammenschlüsse werden Anliegen und Interessen junger Menschen zum Ausdruck gebracht und vertreten.

-

§ 13 Jugendsozialarbeit

(1) Jungen Menschen, die zum Ausgleich sozialer Benachteiligungen oder zur Überwindung individueller Beeinträchtigungen in erhöhtem Maße auf Unterstützung angewiesen sind, sollen im Rahmen der Jugendhilfe sozialpädagogische Hilfen angeboten werden, die ihre schulische und berufliche Ausbildung, Eingliederung in die Arbeitswelt und ihre soziale Integration fördern.

(2) Soweit die Ausbildung dieser jungen Menschen nicht durch Maßnahmen und Programme anderer Träger und Organisationen sichergestellt wird,

können geeignete sozialpädagogisch begleitete Ausbildungs- und Beschäftigungsmaßnahmen angeboten werden, die den Fähigkeiten und dem Entwicklungsstand dieser jungen Menschen Rechnung tragen.

(3) Jungen Menschen kann während der Teilnahme an schulischen oder beruflichen Bildungsmaßnahmen oder bei der beruflichen Eingliederung Unterkunft in sozialpädagogisch begleiteten Wohnformen angeboten werden. In diesen Fällen sollen auch der notwendige Unterhalt des jungen Menschen sichergestellt und Krankenhilfe nach Maßgabe des § 40 geleistet werden.

(4) Die Angebote sollen mit den Maßnahmen der Schulverwaltung, der Bundesagentur für Arbeit, der Träger betrieblicher und außerbetrieblicher Ausbildung sowie der Träger von Beschäftigungsangeboten abgestimmt werden.

-

§ 14 Erzieherischer Kinder- und Jugendschutz

(1) Jungen Menschen und Erziehungsberechtigten sollen Angebote des erzieherischen Kinder- und Jugendschutzes gemacht werden.

(2) Die Maßnahmen sollen

1.

junge Menschen befähigen, sich vor gefährdenden Einflüssen zu schützen und sie zu Kritikfähigkeit, Entscheidungsfähigkeit und Eigenverantwortlichkeit sowie zur Verantwortung gegenüber ihren Mitmenschen führen,

2.

Eltern und andere Erziehungsberechtigte besser befähigen, Kinder und Jugendliche vor gefährdenden Einflüssen zu schützen.

-

§ 15 Landesrechtsvorbehalt

Das Nähere über Inhalt und Umfang der in diesem Abschnitt geregelten Aufgaben und Leistungen regelt das Landesrecht.

Zweiter Abschnitt
Förderung der Erziehung in der Familie

-

§ 16 Allgemeine Förderung der Erziehung in der Familie

(1) Müttern, Vätern, anderen Erziehungsberechtigten und jungen Menschen sollen Leistungen der allgemeinen Förderung der Erziehung in der Familie angeboten werden. Sie sollen dazu beitragen, dass Mütter, Väter und andere

Erziehungsberechtigte ihre Erziehungsverantwortung besser wahrnehmen können. Sie sollen auch Wege aufzeigen, wie Konfliktsituationen in der Familie gewaltfrei gelöst werden können.

(2) Leistungen zur Förderung der Erziehung in der Familie sind insbesondere

1.

Angebote der Familienbildung, die auf Bedürfnisse und Interessen sowie auf Erfahrungen von Familien in unterschiedlichen Lebenslagen und Erziehungssituationen eingehen, die Familien in ihrer Gesundheitskompetenz stärken, die Familie zur Mitarbeit in Erziehungseinrichtungen und in Formen der Selbst- und Nachbarschaftshilfe besser befähigen sowie junge Menschen auf Ehe, Partnerschaft und das Zusammenleben mit Kindern vorbereiten,

2.

Angebote der Beratung in allgemeinen Fragen der Erziehung und Entwicklung junger Menschen,

3.

Angebote der Familienfreizeit und der Familienerholung, insbesondere in belastenden Familiensituationen, die bei Bedarf die erzieherische Betreuung der Kinder einschließen.

(3) Müttern und Vätern sowie schwangeren Frauen und werdenden Vätern sollen Beratung und Hilfe in Fragen der Partnerschaft und des Aufbaus elterlicher Erziehungs- und Beziehungskompetenzen angeboten werden.

(4) Das Nähere über Inhalt und Umfang der Aufgaben regelt das Landesrecht.

(5) (weggefallen)

-

§ 17 Beratung in Fragen der Partnerschaft, Trennung und Scheidung

(1) Mütter und Väter haben im Rahmen der Jugendhilfe Anspruch auf Beratung in Fragen der Partnerschaft, wenn sie für ein Kind oder einen Jugendlichen zu sorgen haben oder tatsächlich sorgen. Die Beratung soll helfen,

1.

ein partnerschaftliches Zusammenleben in der Familie aufzubauen,

2.

Konflikte und Krisen in der Familie zu bewältigen,

3.

im Fall der Trennung oder Scheidung die Bedingungen für eine dem Wohl des Kindes oder des Jugendlichen förderliche Wahrnehmung der Elternverantwortung zu schaffen.

(2) Im Fall der Trennung und Scheidung sind Eltern unter angemessener

Beteiligung des betroffenen Kindes oder Jugendlichen bei der Entwicklung eines einvernehmlichen Konzepts für die Wahrnehmung der elterlichen Sorge und der elterlichen Verantwortung zu unterstützen; dieses Konzept kann auch als Grundlage für einen Vergleich oder eine gerichtliche Entscheidung im familiengerichtlichen Verfahren dienen.

(3) Die Gerichte teilen die Rechtshängigkeit von Scheidungssachen, wenn gemeinschaftliche minderjährige Kinder vorhanden sind, sowie Namen und Anschriften der beteiligte Eheleute und Kinder dem Jugendamt mit, damit dieses die Eltern über das Leistungsangebot der Jugendhilfe nach Absatz 2 unterrichtet.

-

§ 18 Beratung und Unterstützung bei der Ausübung der Personensorge und des Umgangsrechts

(1) Mütter und Väter, die allein für ein Kind oder einen Jugendlichen zu sorgen haben oder tatsächlich sorgen, haben Anspruch auf Beratung und Unterstützung

1.
   bei der Ausübung der Personensorge einschließlich der Geltendmachung von Unterhalts- oder Unterhaltsersatzansprüchen des Kindes oder Jugendlichen,

2.
   bei der Geltendmachung ihrer Unterhaltsansprüche nach § 1615l des Bürgerlichen Gesetzbuchs.

(2) Mütter und Väter, die mit dem anderen Elternteil nicht verheiratet sind, haben Anspruch auf Beratung über die Abgabe einer Sorgeerklärung und die Möglichkeit der gerichtlichen Übertragung der gemeinsamen elterlichen Sorge.

(3) Kinder und Jugendliche haben Anspruch auf Beratung und Unterstützung bei der Ausübung des Umgangsrechts nach § 1684 Absatz 1 des Bürgerlichen Gesetzbuchs. Sie sollen darin unterstützt werden, dass die Personen, die nach Maßgabe der §§ 1684, 1685 und 1686a des Bürgerlichen Gesetzbuchs zum Umgang mit ihnen berechtigt sind, von diesem Recht zu ihrem Wohl Gebrauch machen. Eltern, andere Umgangsberechtigte sowie Personen, in deren Obhut sich das Kind befindet, haben Anspruch auf Beratung und Unterstützung bei der Ausübung des Umgangsrechts. Bei der Befugnis, Auskunft über die persönlichen Verhältnisse des Kindes zu verlangen, bei der Herstellung von Umgangskontakten und bei der Ausführung gerichtlicher oder vereinbarter Umgangsregelungen soll vermittelt und in geeigneten Fällen Hilfestellung geleistet werden.

(4) Ein junger Volljähriger hat bis zur Vollendung des 21. Lebensjahres Anspruch auf Beratung und Unterstützung bei der Geltendmachung von

Unterhalts- oder Unterhaltsersatzansprüchen.

-

§ 19 Gemeinsame Wohnformen für Mütter/Väter und Kinder

(1) Mütter oder Väter, die allein für ein Kind unter sechs Jahren zu sorgen haben oder tatsächlich sorgen, sollen gemeinsam mit dem Kind in einer geeigneten Wohnform betreut werden, wenn und solange sie auf Grund ihrer Persönlichkeitsentwicklung dieser Form der Unterstützung bei der Pflege und Erziehung des Kindes bedürfen. Die Betreuung schließt auch ältere Geschwister ein, sofern die Mutter oder der Vater für sie allein zu sorgen hat. Eine schwangere Frau kann auch vor der Geburt des Kindes in der Wohnform betreut werden.

(2) Während dieser Zeit soll darauf hingewirkt werden, dass die Mutter oder der Vater eine schulische oder berufliche Ausbildung beginnt oder fortführt oder eine Berufstätigkeit aufnimmt.

(3) Die Leistung soll auch den notwendigen Unterhalt der betreuten Personen sowie die Krankenhilfe nach Maßgabe des § 40 umfassen.

-

§ 20 Betreuung und Versorgung des Kindes in Notsituationen

(1) Fällt der Elternteil, der die überwiegende Betreuung des Kindes übernommen hat, für die Wahrnehmung dieser Aufgabe aus gesundheitlichen oder anderen zwingenden Gründen aus, so soll der andere Elternteil bei der Betreuung und Versorgung des im Haushalt lebenden Kindes unterstützt werden, wenn

1.
   er wegen berufsbedingter Abwesenheit nicht in der Lage ist, die Aufgabe wahrzunehmen,

2.
   die Hilfe erforderlich ist, um das Wohl des Kindes zu gewährleisten,

3.
   Angebote der Förderung des Kindes in Tageseinrichtungen oder in Kindertagespflege nicht ausreichen.

(2) Fällt ein allein erziehender Elternteil oder fallen beide Elternteile aus gesundheitlichen oder anderen zwingenden Gründen aus, so soll unter der Voraussetzung des Absatzes 1 Nummer 3 das Kind im elterlichen Haushalt versorgt und betreut werden, wenn und solange es für sein Wohl erforderlich ist.

-

§ 21 Unterstützung bei notwendiger Unterbringung zur Erfüllung der Schulpflicht

Können Personensorgeberechtigte wegen des mit ihrer beruflichen Tätigkeit verbundenen ständigen Ortswechsels die Erfüllung der Schulpflicht ihres Kindes oder Jugendlichen nicht sicherstellen und ist deshalb eine anderweitige Unterbringung des Kindes oder des Jugendlichen notwendig, so haben sie Anspruch auf Beratung und Unterstützung. In geeigneten Fällen können die Kosten der Unterbringung in einer für das Kind oder den Jugendlichen geeigneten Wohnform einschließlich des notwendigen Unterhalts sowie die Krankenhilfe übernommen werden. Die Leistung kann über das schulpflichtige Alter hinaus gewährt werden, sofern eine begonnene Schulausbildung noch nicht abgeschlossen ist, längstens aber bis zur Vollendung des 21. Lebensjahres.

Dritter Abschnitt
Förderung von Kindern in Tageseinrichtungen und in Kindertagespflege

-

§ 22 Grundsätze der Förderung

(1) Tageseinrichtungen sind Einrichtungen, in denen sich Kinder für einen Teil des Tages oder ganztägig aufhalten und in Gruppen gefördert werden. Kindertagespflege wird von einer geeigneten Tagespflegeperson in ihrem Haushalt oder im Haushalt des Personensorgeberechtigten geleistet. Das Nähere über die Abgrenzung von Tageseinrichtungen und Kindertagespflege regelt das Landesrecht. Es kann auch regeln, dass Kindertagespflege in anderen geeigneten Räumen geleistet wird.

(2) Tageseinrichtungen für Kinder und Kindertagespflege sollen

1.
   die Entwicklung des Kindes zu einer eigenverantwortlichen und gemeinschaftsfähigen Persönlichkeit fördern,
2.
   die Erziehung und Bildung in der Familie unterstützen und ergänzen,
3.
   den Eltern dabei helfen, Erwerbstätigkeit und Kindererziehung besser miteinander vereinbaren zu können.

(3) Der Förderungsauftrag umfasst Erziehung, Bildung und Betreuung des Kindes und bezieht sich auf die soziale, emotionale, körperliche und geistige Entwicklung des Kindes. Er schließt die Vermittlung orientierender Werte und Regeln ein. Die Förderung soll sich am Alter und Entwicklungsstand, den sprachlichen und sonstigen Fähigkeiten, der Lebenssituation sowie den Interessen und Bedürfnissen des einzelnen Kindes orientieren und seine

ethnische Herkunft berücksichtigen.

-

§ 22a Förderung in Tageseinrichtungen

(1) Die Träger der öffentlichen Jugendhilfe sollen die Qualität der Förderung in ihren Einrichtungen durch geeignete Maßnahmen sicherstellen und weiterentwickeln. Dazu gehören die Entwicklung und der Einsatz einer pädagogischen Konzeption als Grundlage für die Erfüllung des Förderungsauftrags sowie der Einsatz von Instrumenten und Verfahren zur Evaluation der Arbeit in den Einrichtungen.

(2) Die Träger der öffentlichen Jugendhilfe sollen sicherstellen, dass die Fachkräfte in ihren Einrichtungen zusammenarbeiten

1.

   mit den Erziehungsberechtigten und Tagespflegepersonen zum Wohl der Kinder und zur Sicherung der Kontinuität des Erziehungsprozesses,

2.

   mit anderen kinder- und familienbezogenen Institutionen und Initiativen im Gemeinwesen, insbesondere solchen der Familienbildung und -beratung,

3.

   mit den Schulen, um den Kindern einen guten Übergang in die Schule zu sichern und um die Arbeit mit Schulkindern in Horten und altersgemischten Gruppen zu unterstützen.

Die Erziehungsberechtigten sind an den Entscheidungen in wesentlichen Angelegenheiten der Erziehung, Bildung und Betreuung zu beteiligen.

(3) Das Angebot soll sich pädagogisch und organisatorisch an den Bedürfnissen der Kinder und ihrer Familien orientieren. Werden Einrichtungen in den Ferienzeiten geschlossen, so hat der Träger der öffentlichen Jugendhilfe für die Kinder, die nicht von den Erziehungsberechtigten betreut werden können, eine anderweitige Betreuungsmöglichkeit sicherzustellen.

(4) Kinder mit und ohne Behinderung sollen, sofern der Hilfebedarf dies zulässt, in Gruppen gemeinsam gefördert werden. Zu diesem Zweck sollen die Träger der öffentlichen Jugendhilfe mit den Trägern der Sozialhilfe bei der Planung, konzeptionellen Ausgestaltung und Finanzierung des Angebots zusammenarbeiten.

(5) Die Träger der öffentlichen Jugendhilfe sollen die Realisierung des Förderungsauftrags nach Maßgabe der Absätze 1 bis 4 in den Einrichtungen anderer Träger durch geeignete Maßnahmen sicherstellen.

-

§ 23 Förderung in Kindertagespflege

(1) Die Förderung in Kindertagespflege nach Maßgabe von § 24 umfasst die Vermittlung des Kindes zu einer geeigneten Tagespflegeperson, soweit diese nicht von der erziehungsberechtigten Person nachgewiesen wird, deren fachliche Beratung, Begleitung und weitere Qualifizierung sowie die Gewährung einer laufenden Geldleistung an die Tagespflegeperson.

(2) Die laufende Geldleistung nach Absatz 1 umfasst

1.
    die Erstattung angemessener Kosten, die der Tagespflegeperson für den Sachaufwand entstehen,

2.
    einen Betrag zur Anerkennung ihrer Förderungsleistung nach Maßgabe von Absatz 2a,

3.
    die Erstattung nachgewiesener Aufwendungen für Beiträge zu einer Unfallversicherung sowie die hälftige Erstattung nachgewiesener Aufwendungen zu einer angemessenen Alterssicherung der Tagespflegeperson und

4.
    die hälftige Erstattung nachgewiesener Aufwendungen zu einer angemessenen Krankenversicherung und Pflegeversicherung.

(2a) Die Höhe der laufenden Geldleistung wird von den Trägern der öffentlichen Jugendhilfe festgelegt, soweit Landesrecht nicht etwas anderes bestimmt. Der Betrag zur Anerkennung der Förderungsleistung der Tagespflegeperson ist leistungsgerecht auszugestalten. Dabei sind der zeitliche Umfang der Leistung und die Anzahl sowie der Förderbedarf der betreuten Kinder zu berücksichtigen.

(3) Geeignet im Sinne von Absatz 1 sind Personen, die sich durch ihre Persönlichkeit, Sachkompetenz und Kooperationsbereitschaft mit Erziehungsberechtigten und anderen Tagespflegepersonen auszeichnen und über kindgerechte Räumlichkeiten verfügen. Sie sollen über vertiefte Kenntnisse hinsichtlich der Anforderungen der Kindertagespflege verfügen, die sie in qualifizierten Lehrgängen erworben oder in anderer Weise nachgewiesen haben.

(4) Erziehungsberechtigte und Tagespflegepersonen haben Anspruch auf Beratung in allen Fragen der Kindertagespflege. Für Ausfallzeiten einer Tagespflegeperson ist rechtzeitig eine andere Betreuungsmöglichkeit für das Kind sicherzustellen. Zusammenschlüsse von Tagespflegepersonen sollen beraten, unterstützt und gefördert werden.

-

§ 24 Anspruch auf Förderung in Tageseinrichtungen und in Kindertagespflege

(1) Ein Kind, das das erste Lebensjahr noch nicht vollendet hat, ist in einer Einrichtung oder in Kindertagespflege zu fördern, wenn

1.

diese Leistung für seine Entwicklung zu einer eigenverantwortlichen und gemeinschaftsfähigen Persönlichkeit geboten ist oder

2.

die Erziehungsberechtigten

a)

einer Erwerbstätigkeit nachgehen, eine Erwerbstätigkeit aufnehmen oder Arbeit suchend sind,

b)

sich in einer beruflichen Bildungsmaßnahme, in der Schulausbildung oder Hochschulausbildung befinden oder

c)

Leistungen zur Eingliederung in Arbeit im Sinne des Zweiten Buches erhalten.

Lebt das Kind nur mit einem Erziehungsberechtigten zusammen, so tritt diese Person an die Stelle der Erziehungsberechtigten. Der Umfang der täglichen Förderung richtet sich nach dem individuellen Bedarf.

(2) Ein Kind, das das erste Lebensjahr vollendet hat, hat bis zur Vollendung des dritten Lebensjahres Anspruch auf frühkindliche Förderung in einer Tageseinrichtung oder in Kindertagespflege. Absatz 1 Satz 3 gilt entsprechend.

(3) Ein Kind, das das dritte Lebensjahr vollendet hat, hat bis zum Schuleintritt Anspruch auf Förderung in einer Tageseinrichtung. Die Träger der öffentlichen Jugendhilfe haben darauf hinzuwirken, dass für diese Altersgruppe ein bedarfsgerechtes Angebot an Ganztagsplätzen zur Verfügung steht. Das Kind kann bei besonderem Bedarf oder ergänzend auch in Kindertagespflege gefördert werden.

(4) Für Kinder im schulpflichtigen Alter ist ein bedarfsgerechtes Angebot in Tageseinrichtungen vorzuhalten. Absatz 1 Satz 3 und Absatz 3 Satz 3 gelten entsprechend.

(5) Die Träger der öffentlichen Jugendhilfe oder die von ihnen beauftragten Stellen sind verpflichtet, Eltern oder Elternteile, die Leistungen nach den Absätzen 1 bis 4 in Anspruch nehmen wollen, über das Platzangebot im örtlichen Einzugsbereich und die pädagogische Konzeption der Einrichtungen zu informieren und sie bei der Auswahl zu beraten. Landesrecht kann bestimmen, dass die erziehungsberechtigten Personen den zuständigen Träger der öffentlichen Jugendhilfe oder die beauftragte Stelle innerhalb einer bestimmten Frist vor der beabsichtigten Inanspruchnahme der Leistung in Kenntnis setzen.

(6) Weitergehendes Landesrecht bleibt unberührt.

-

§ 25 Unterstützung selbst organisierter Förderung von Kindern

Mütter, Väter und andere Erziehungsberechtigte, die die Förderung von Kindern selbst organisieren wollen, sollen beraten und unterstützt werden.

-

§ 26 Landesrechtsvorbehalt

Das Nähere über Inhalt und Umfang der in diesem Abschnitt geregelten Aufgaben und Leistungen regelt das Landesrecht. Am 31. Dezember 1990 geltende landesrechtliche Regelungen, die das Kindergartenwesen dem Bildungsbereich zuweisen, bleiben unberührt.

Vierter Abschnitt
Hilfe zur Erziehung, Eingliederungshilfe für seelisch behinderte Kinder und Jugendliche, Hilfe für junge Volljährige

Erster Unterabschnitt
Hilfe zur Erziehung

-

§ 27 Hilfe zur Erziehung

(1) Ein Personensorgeberechtigter hat bei der Erziehung eines Kindes oder eines Jugendlichen Anspruch auf Hilfe (Hilfe zur Erziehung), wenn eine dem Wohl des Kindes oder des Jugendlichen entsprechende Erziehung nicht gewährleistet ist und die Hilfe für seine Entwicklung geeignet und notwendig ist.

(2) Hilfe zur Erziehung wird insbesondere nach Maßgabe der §§ 28 bis 35 gewährt. Art und Umfang der Hilfe richten sich nach dem erzieherischen Bedarf im Einzelfall; dabei soll das engere soziale Umfeld des Kindes oder des Jugendlichen einbezogen werden. Die Hilfe ist in der Regel im Inland zu erbringen; sie darf nur dann im Ausland erbracht werden, wenn dies nach Maßgabe der Hilfeplanung zur Erreichung des Hilfezieles im Einzelfall erforderlich ist.

(2a) Ist eine Erziehung des Kindes oder Jugendlichen außerhalb des Elternhauses erforderlich, so entfällt der Anspruch auf Hilfe zur Erziehung nicht dadurch, dass eine andere unterhaltspflichtige Person bereit ist, diese Aufgabe zu übernehmen; die Gewährung von Hilfe zur Erziehung setzt in diesem Fall voraus, dass diese Person bereit und geeignet ist, den

Hilfebedarf in Zusammenarbeit mit dem Träger der öffentlichen Jugendhilfe nach Maßgabe der §§ 36 und 37 zu decken.

(3) Hilfe zur Erziehung umfasst insbesondere die Gewährung pädagogischer und damit verbundener therapeutischer Leistungen. Sie soll bei Bedarf Ausbildungs- und Beschäftigungsmaßnahmen im Sinne des § 13 Absatz 2 einschließen.

(4) Wird ein Kind oder eine Jugendliche während ihres Aufenthalts in einer Einrichtung oder einer Pflegefamilie selbst Mutter eines Kindes, so umfasst die Hilfe zur Erziehung auch die Unterstützung bei der Pflege und Erziehung dieses Kindes.

-

§ 28 Erziehungsberatung

Erziehungsberatungsstellen und andere Beratungsdienste und -einrichtungen sollen Kinder, Jugendliche, Eltern und andere Erziehungsberechtigte bei der Klärung und Bewältigung individueller und familienbezogener Probleme und der zugrunde liegenden Faktoren, bei der Lösung von Erziehungsfragen sowie bei Trennung und Scheidung unterstützen. Dabei sollen Fachkräfte verschiedener Fachrichtungen zusammenwirken, die mit unterschiedlichen methodischen Ansätzen vertraut sind.

-

§ 29 Soziale Gruppenarbeit

Die Teilnahme an sozialer Gruppenarbeit soll älteren Kindern und Jugendlichen bei der Überwindung von Entwicklungsschwierigkeiten und Verhaltensproblemen helfen. Soziale Gruppenarbeit soll auf der Grundlage eines gruppenpädagogischen Konzepts die Entwicklung älterer Kinder und Jugendlicher durch soziales Lernen in der Gruppe fördern.

-

§ 30 Erziehungsbeistand, Betreuungshelfer

Der Erziehungsbeistand und der Betreuungshelfer sollen das Kind oder den Jugendlichen bei der Bewältigung von Entwicklungsproblemen möglichst unter Einbeziehung des sozialen Umfelds unterstützen und unter Erhaltung des Lebensbezugs zur Familie seine Verselbständigung fördern.

-

§ 31 Sozialpädagogische Familienhilfe

Sozialpädagogische Familienhilfe soll durch intensive Betreuung und

Begleitung Familien in ihren Erziehungsaufgaben, bei der Bewältigung von Alltagsproblemen, der Lösung von Konflikten und Krisen sowie im Kontakt mit Ämtern und Institutionen unterstützen und Hilfe zur Selbsthilfe geben. Sie ist in der Regel auf längere Dauer angelegt und erfordert die Mitarbeit der Familie.

-

§ 32 Erziehung in einer Tagesgruppe

Hilfe zur Erziehung in einer Tagesgruppe soll die Entwicklung des Kindes oder des Jugendlichen durch soziales Lernen in der Gruppe, Begleitung der schulischen Förderung und Elternarbeit unterstützen und dadurch den Verbleib des Kindes oder des Jugendlichen in seiner Familie sichern. Die Hilfe kann auch in geeigneten Formen der Familienpflege geleistet werden.

-

§ 33 Vollzeitpflege

Hilfe zur Erziehung in Vollzeitpflege soll entsprechend dem Alter und Entwicklungsstand des Kindes oder des Jugendlichen und seinen persönlichen Bindungen sowie den Möglichkeiten der Verbesserung der Erziehungsbedingungen in der Herkunftsfamilie Kindern und Jugendlichen in einer anderen Familie eine zeitlich befristete Erziehungshilfe oder eine auf Dauer angelegte Lebensform bieten. Für besonders entwicklungsbeeinträchtigte Kinder und Jugendliche sind geeignete Formen der Familienpflege zu schaffen und auszubauen.

-

§ 34 Heimerziehung, sonstige betreute Wohnform

Hilfe zur Erziehung in einer Einrichtung über Tag und Nacht (Heimerziehung) oder in einer sonstigen betreuten Wohnform soll Kinder und Jugendliche durch eine Verbindung von Alltagserleben mit pädagogischen und therapeutischen Angeboten in ihrer Entwicklung fördern. Sie soll entsprechend dem Alter und Entwicklungsstand des Kindes oder des Jugendlichen sowie den Möglichkeiten der Verbesserung der Erziehungsbedingungen in der Herkunftsfamilie

1.
   eine Rückkehr in die Familie zu erreichen versuchen oder
2.
   die Erziehung in einer anderen Familie vorbereiten oder
3.
   eine auf längere Zeit angelegte Lebensform bieten und auf ein

selbständiges Leben vorbereiten.
Jugendliche sollen in Fragen der Ausbildung und Beschäftigung sowie der allgemeinen Lebensführung beraten und unterstützt werden.

-

§ 35 Intensive sozialpädagogische Einzelbetreuung

Intensive sozialpädagogische Einzelbetreuung soll Jugendlichen gewährt werden, die einer intensiven Unterstützung zur sozialen Integration und zu einer eigenverantwortlichen Lebensführung bedürfen. Die Hilfe ist in der Regel auf längere Zeit angelegt und soll den individuellen Bedürfnissen des Jugendlichen Rechnung tragen.

Zweiter Unterabschnitt
Eingliederungshilfe für seelisch behinderte Kinder und Jugendliche

-

§ 35a Eingliederungshilfe für seelisch behinderte Kinder und Jugendliche

(1) Kinder oder Jugendliche haben Anspruch auf Eingliederungshilfe, wenn

1.

ihre seelische Gesundheit mit hoher Wahrscheinlichkeit länger als sechs Monate von dem für ihr Lebensalter typischen Zustand abweicht, und

2.

daher ihre Teilhabe am Leben in der Gesellschaft beeinträchtigt ist oder eine solche Beeinträchtigung zu erwarten ist.
Von einer seelischen Behinderung bedroht im Sinne dieses Buches sind Kinder oder Jugendliche, bei denen eine Beeinträchtigung ihrer Teilhabe am Leben in der Gesellschaft nach fachlicher Erkenntnis mit hoher Wahrscheinlichkeit zu erwarten ist. § 27 Absatz 4 gilt entsprechend.
(1a) Hinsichtlich der Abweichung der seelischen Gesundheit nach Absatz 1 Satz 1 Nummer 1 hat der Träger der öffentlichen Jugendhilfe die Stellungnahme

1.

eines Arztes für Kinder- und Jugendpsychiatrie und -psychotherapie,

2.

eines Kinder- und Jugendpsychotherapeuten oder

3.

eines Arztes oder eines psychologischen Psychotherapeuten, der über besondere Erfahrungen auf dem Gebiet seelischer Störungen bei Kindern und Jugendlichen verfügt,

einzuholen. Die Stellungnahme ist auf der Grundlage der Internationalen Klassifikation der Krankheiten in der vom Deutschen Institut für medizinische Dokumentation und Information herausgegebenen deutschen Fassung zu erstellen. Dabei ist auch darzulegen, ob die Abweichung Krankheitswert hat oder auf einer Krankheit beruht. Die Hilfe soll nicht von der Person oder dem Dienst oder der Einrichtung, der die Person angehört, die die Stellungnahme abgibt, erbracht werden.

(2) Die Hilfe wird nach dem Bedarf im Einzelfall

1.

in ambulanter Form,

2.

in Tageseinrichtungen für Kinder oder in anderen teilstationären Einrichtungen,

3.

durch geeignete Pflegepersonen und

4.

in Einrichtungen über Tag und Nacht sowie sonstigen Wohnformen geleistet.

(3) Aufgabe und Ziel der Hilfe, die Bestimmung des Personenkreises sowie die Art der Leistungen richten sich nach § 53 Absatz 3 und 4 Satz 1, den §§ 54, 56 und 57 des Zwölften Buches, soweit diese Bestimmungen auch auf seelisch behinderte oder von einer solchen Behinderung bedrohte Personen Anwendung finden.

(4) Ist gleichzeitig Hilfe zur Erziehung zu leisten, so sollen Einrichtungen, Dienste und Personen in Anspruch genommen werden, die geeignet sind, sowohl die Aufgaben der Eingliederungshilfe zu erfüllen als auch den erzieherischen Bedarf zu decken. Sind heilpädagogische Maßnahmen für Kinder, die noch nicht im schulpflichtigen Alter sind, in Tageseinrichtungen für Kinder zu gewähren und lässt der Hilfebedarf es zu, so sollen Einrichtungen in Anspruch genommen werden, in denen behinderte und nicht behinderte Kinder gemeinsam betreut werden.

Dritter Unterabschnitt
Gemeinsame Vorschriften für die Hilfe zur Erziehung und die
Eingliederungshilfe für seelisch behinderte Kinder und Jugendliche

-

§ 36 Mitwirkung, Hilfeplan

(1) Der Personensorgeberechtigte und das Kind oder der Jugendliche sind vor der Entscheidung über die Inanspruchnahme einer Hilfe und vor einer notwendigen Änderung von Art und Umfang der Hilfe zu beraten und auf die möglichen Folgen für die Entwicklung des Kindes oder des Jugendlichen hinzuweisen. Vor und während einer langfristig zu leistenden Hilfe außerhalb der eigenen Familie ist zu prüfen, ob die Annahme als Kind in Betracht kommt. Ist Hilfe außerhalb der eigenen Familie erforderlich, so sind die in Satz 1 genannten Personen bei der Auswahl der Einrichtung oder der Pflegestelle zu beteiligen. Der Wahl und den Wünschen ist zu entsprechen, sofern sie nicht mit unverhältnismäßigen Mehrkosten verbunden sind. Wünschen die in Satz 1 genannten Personen die Erbringung einer in § 78a genannten Leistung in einer Einrichtung, mit deren Träger keine Vereinbarungen nach § 78b bestehen, so soll der Wahl nur entsprochen werden, wenn die Erbringung der Leistung in dieser Einrichtung nach Maßgabe des Hilfeplans nach Absatz 2 geboten ist.

(2) Die Entscheidung über die im Einzelfall angezeigte Hilfeart soll, wenn Hilfe voraussichtlich für längere Zeit zu leisten ist, im Zusammenwirken mehrerer Fachkräfte getroffen werden. Als Grundlage für die Ausgestaltung der Hilfe sollen sie zusammen mit dem Personensorgeberechtigten und dem Kind oder dem Jugendlichen einen Hilfeplan aufstellen, der Feststellungen über den Bedarf, die zu gewährende Art der Hilfe sowie die notwendigen Leistungen enthält; sie sollen regelmäßig prüfen, ob die gewählte Hilfeart weiterhin geeignet und notwendig ist. Werden bei der Durchführung der Hilfe andere Personen, Dienste oder Einrichtungen tätig, so sind sie oder deren Mitarbeiter an der Aufstellung des Hilfeplans und seiner Überprüfung zu beteiligen. Erscheinen Maßnahmen der beruflichen Eingliederung erforderlich, so sollen auch die für die Eingliederung zuständigen Stellen beteiligt werden.

(3) Erscheinen Hilfen nach § 35a erforderlich, so soll bei der Aufstellung und Änderung des Hilfeplans sowie bei der Durchführung der Hilfe die Person, die eine Stellungnahme nach § 35a Absatz 1a abgegeben hat, beteiligt werden.

(4) Vor einer Entscheidung über die Gewährung einer Hilfe, die ganz oder teilweise im Ausland erbracht wird, soll zur Feststellung einer seelischen Störung mit Krankheitswert die Stellungnahme einer in § 35a Absatz 1a Satz 1 genannten Person eingeholt werden.

-

§ 36a Steuerungsverantwortung, Selbstbeschaffung

(1) Der Träger der öffentlichen Jugendhilfe trägt die Kosten der Hilfe grundsätzlich nur dann, wenn sie auf der Grundlage seiner Entscheidung nach Maßgabe des Hilfeplans unter Beachtung des Wunsch- und Wahlrechts

erbracht wird; dies gilt auch in den Fällen, in denen Eltern durch das Familiengericht oder Jugendliche und junge Volljährige durch den Jugendrichter zur Inanspruchnahme von Hilfen verpflichtet werden. Die Vorschriften über die Heranziehung zu den Kosten der Hilfe bleiben unberührt.

(2) Abweichend von Absatz 1 soll der Träger der öffentlichen Jugendhilfe die niedrigschwellige unmittelbare Inanspruchnahme von ambulanten Hilfen, insbesondere der Erziehungsberatung, zulassen. Dazu soll er mit den Leistungserbringern Vereinbarungen schließen, in denen die Voraussetzungen und die Ausgestaltung der Leistungserbringung sowie die Übernahme der Kosten geregelt werden.

(3) Werden Hilfen abweichend von den Absätzen 1 und 2 vom Leistungsberechtigten selbst beschafft, so ist der Träger der öffentlichen Jugendhilfe zur Übernahme der erforderlichen Aufwendungen nur verpflichtet, wenn

1.

der Leistungsberechtigte den Träger der öffentlichen Jugendhilfe vor der Selbstbeschaffung über den Hilfebedarf in Kenntnis gesetzt hat,

2.

die Voraussetzungen für die Gewährung der Hilfe vorlagen und

3.

die Deckung des Bedarfs

a)

bis zu einer Entscheidung des Trägers der öffentlichen Jugendhilfe über die Gewährung der Leistung oder

b)

bis zu einer Entscheidung über ein Rechtsmittel nach einer zu Unrecht abgelehnten Leistung

keinen zeitlichen Aufschub geduldet hat.

War es dem Leistungsberechtigten unmöglich, den Träger der öffentlichen Jugendhilfe rechtzeitig über den Hilfebedarf in Kenntnis zu setzen, so hat er dies unverzüglich nach Wegfall des Hinderungsgrundes nachzuholen.

-

§ 37 Zusammenarbeit bei Hilfen außerhalb der eigenen Familie

(1) Bei Hilfen nach §§ 32 bis 34 und § 35a Absatz 2 Nummer 3 und 4 soll darauf hingewirkt werden, dass die Pflegeperson oder die in der Einrichtung für die Erziehung verantwortlichen Personen und die Eltern zum Wohl des Kindes oder des Jugendlichen zusammenarbeiten. Durch Beratung und Unterstützung sollen die Erziehungsbedingungen in der Herkunftsfamilie innerhalb eines im Hinblick auf die Entwicklung des Kindes oder Jugendlichen vertretbaren Zeitraums so weit verbessert werden, dass sie das

Kind oder den Jugendlichen wieder selbst erziehen kann. Während dieser Zeit soll durch begleitende Beratung und Unterstützung der Familien darauf hingewirkt werden, dass die Beziehung des Kindes oder Jugendlichen zur Herkunftsfamilie gefördert wird. Ist eine nachhaltige Verbesserung der Erziehungsbedingungen in der Herkunftsfamilie innerhalb dieses Zeitraums nicht erreichbar, so soll mit den beteiligten Personen eine andere, dem Wohl des Kindes oder des Jugendlichen förderliche und auf Dauer angelegte Lebensperspektive erarbeitet werden.

(2) Die Pflegeperson hat vor der Aufnahme des Kindes oder Jugendlichen und während der Dauer des Pflegeverhältnisses Anspruch auf Beratung und Unterstützung; dies gilt auch in den Fällen, in denen für das Kind oder den Jugendlichen weder Hilfe zur Erziehung noch Eingliederungshilfe gewährt wird oder die Pflegeperson nicht der Erlaubnis zur Vollzeitpflege nach § 44 bedarf. Lebt das Kind oder der Jugendliche bei einer Pflegeperson außerhalb des Bereichs des zuständigen Trägers der öffentlichen Jugendhilfe, so sind ortsnahe Beratung und Unterstützung sicherzustellen. Der zuständige Träger der öffentlichen Jugendhilfe hat die aufgewendeten Kosten einschließlich der Verwaltungskosten auch in den Fällen zu erstatten, in denen die Beratung und Unterstützung im Wege der Amtshilfe geleistet wird. § 23 Absatz 4 Satz 3 gilt entsprechend.

(2a) Die Art und Weise der Zusammenarbeit sowie die damit im Einzelfall verbundenen Ziele sind im Hilfeplan zu dokumentieren. Bei Hilfen nach den §§ 33, 35a Absatz 2 Nummer 3 und § 41 zählen dazu auch der vereinbarte Umfang der Beratung der Pflegeperson sowie die Höhe der laufenden Leistungen zum Unterhalt des Kindes oder Jugendlichen. Eine Abweichung von den dort getroffenen Feststellungen ist nur bei einer Änderung des Hilfebedarfs und entsprechender Änderung des Hilfeplans zulässig.

(3) Das Jugendamt soll den Erfordernissen des Einzelfalls entsprechend an Ort und Stelle überprüfen, ob die Pflegeperson eine dem Wohl des Kindes oder des Jugendlichen förderliche Erziehung gewährleistet. Die Pflegeperson hat das Jugendamt über wichtige Ereignisse zu unterrichten, die das Wohl des Kindes oder des Jugendlichen betreffen.

-

§ 38 Vermittlung bei der Ausübung der Personensorge

Sofern der Inhaber der Personensorge durch eine Erklärung nach § 1688 Absatz 3 Satz 1 des Bürgerlichen Gesetzbuchs die Vertretungsmacht der Pflegeperson soweit einschränkt, dass dies eine dem Wohl des Kindes oder des Jugendlichen förderliche Erziehung nicht mehr ermöglicht, sowie bei sonstigen Meinungsverschiedenheiten sollen die Beteiligten das Jugendamt einschalten.

-

§ 39 Leistungen zum Unterhalt des Kindes oder des Jugendlichen

(1) Wird Hilfe nach den §§ 32 bis 35 oder nach § 35a Absatz 2 Nummer 2 bis 4 gewährt, so ist auch der notwendige Unterhalt des Kindes oder Jugendlichen außerhalb des Elternhauses sicherzustellen. Er umfasst die Kosten für den Sachaufwand sowie für die Pflege und Erziehung des Kindes oder Jugendlichen.

(2) Der gesamte regelmäßig wiederkehrende Bedarf soll durch laufende Leistungen gedeckt werden. Sie umfassen außer im Fall des § 32 und des § 35a Absatz 2 Nummer 2 auch einen angemessenen Barbetrag zur persönlichen Verfügung des Kindes oder des Jugendlichen. Die Höhe des Betrages wird in den Fällen der §§ 34, 35, 35a Absatz 2 Nummer 4 von der nach Landesrecht zuständigen Behörde festgesetzt; die Beträge sollen nach Altersgruppen gestaffelt sein. Die laufenden Leistungen im Rahmen der Hilfe in Vollzeitpflege (§ 33) oder bei einer geeigneten Pflegeperson (§ 35a Absatz 2 Nummer 3) sind nach den Absätzen 4 bis 6 zu bemessen.

(3) Einmalige Beihilfen oder Zuschüsse können insbesondere zur Erstausstattung einer Pflegestelle, bei wichtigen persönlichen Anlässen sowie für Urlaubs- und Ferienreisen des Kindes oder des Jugendlichen gewährt werden.

(4) Die laufenden Leistungen sollen auf der Grundlage der tatsächlichen Kosten gewährt werden, sofern sie einen angemessenen Umfang nicht übersteigen. Die laufenden Leistungen umfassen auch die Erstattung nachgewiesener Aufwendungen für Beiträge zu einer Unfallversicherung sowie die hälftige Erstattung nachgewiesener Aufwendungen zu einer angemessenen Alterssicherung der Pflegeperson. Sie sollen in einem monatlichen Pauschalbetrag gewährt werden, soweit nicht nach der Besonderheit des Einzelfalls abweichende Leistungen geboten sind. Ist die Pflegeperson in gerader Linie mit dem Kind oder Jugendlichen verwandt und kann sie diesem unter Berücksichtigung ihrer sonstigen Verpflichtungen und ohne Gefährdung ihres angemessenen Unterhalts Unterhalt gewähren, so kann der Teil des monatlichen Pauschalbetrages, der die Kosten für den Sachaufwand des Kindes oder Jugendlichen betrifft, angemessen gekürzt werden. Wird ein Kind oder ein Jugendlicher im Bereich eines anderen Jugendamts untergebracht, so soll sich die Höhe des zu gewährenden Pauschalbetrages nach den Verhältnissen richten, die am Ort der Pflegestelle gelten.

(5) Die Pauschalbeträge für laufende Leistungen zum Unterhalt sollen von den nach Landesrecht zuständigen Behörden festgesetzt werden. Dabei ist dem altersbedingt unterschiedlichen Unterhaltsbedarf von Kindern und Jugendlichen durch eine Staffelung der Beträge nach Altersgruppen Rechnung zu tragen. Das Nähere regelt Landesrecht.

(6) Wird das Kind oder der Jugendliche im Rahmen des Familienleistungsausgleichs nach § 31 des Einkommensteuergesetzes bei

der Pflegeperson berücksichtigt, so ist ein Betrag in Höhe der Hälfte des Betrages, der nach § 66 des Einkommensteuergesetzes für ein erstes Kind zu zahlen ist, auf die laufenden Leistungen anzurechnen. Ist das Kind oder der Jugendliche nicht das älteste Kind in der Pflegefamilie, so ermäßigt sich der Anrechnungsbetrag für dieses Kind oder diesen Jugendlichen auf ein Viertel des Betrages, der für ein erstes Kind zu zahlen ist.

(7) Wird ein Kind oder eine Jugendliche während ihres Aufenthalts in einer Einrichtung oder einer Pflegefamilie selbst Mutter eines Kindes, so ist auch der notwendige Unterhalt dieses Kindes sicherzustellen.

-

§ 40 Krankenhilfe

Wird Hilfe nach den §§ 33 bis 35 oder nach § 35a Absatz 2 Nummer 3 oder 4 gewährt, so ist auch Krankenhilfe zu leisten; für den Umfang der Hilfe gelten die §§ 47 bis 52 des Zwölften Buches entsprechend. Krankenhilfe muss den im Einzelfall notwendigen Bedarf in voller Höhe befriedigen. Zuzahlungen und Eigenbeteiligungen sind zu übernehmen. Das Jugendamt kann in geeigneten Fällen die Beiträge für eine freiwillige Krankenversicherung übernehmen, soweit sie angemessen sind.

Vierter Unterabschnitt
Hilfe für junge Volljährige

-

§ 41 Hilfe für junge Volljährige, Nachbetreuung

(1) Einem jungen Volljährigen soll Hilfe für die Persönlichkeitsentwicklung und zu einer eigenverantwortlichen Lebensführung gewährt werden, wenn und solange die Hilfe auf Grund der individuellen Situation des jungen Menschen notwendig ist. Die Hilfe wird in der Regel nur bis zur Vollendung des 21. Lebensjahres gewährt; in begründeten Einzelfällen soll sie für einen begrenzten Zeitraum darüber hinaus fortgesetzt werden.

(2) Für die Ausgestaltung der Hilfe gelten § 27 Absatz 3 und 4 sowie die §§ 28 bis 30, 33 bis 36, 39 und 40 entsprechend mit der Maßgabe, dass an die Stelle des Personensorgeberechtigten oder des Kindes oder des Jugendlichen der junge Volljährige tritt.

(3) Der junge Volljährige soll auch nach Beendigung der Hilfe bei der Verselbständigung im notwendigen Umfang beraten und unterstützt werden.

Erster Abschnitt
Vorläufige Maßnahmen zum Schutz von Kindern und Jugendlichen

--

§ 42 Inobhutnahme von Kindern und Jugendlichen

(1) Das Jugendamt ist berechtigt und verpflichtet, ein Kind oder einen Jugendlichen in seine Obhut zu nehmen, wenn

1.
das Kind oder der Jugendliche um Obhut bittet oder

2.
eine dringende Gefahr für das Wohl des Kindes oder des Jugendlichen die Inobhutnahme erfordert und

a)
die Personensorgeberechtigten nicht widersprechen oder

b)
eine familiengerichtliche Entscheidung nicht rechtzeitig eingeholt werden kann oder

3.
ein ausländisches Kind oder ein ausländischer Jugendlicher unbegleitet nach Deutschland kommt und sich weder Personensorge- noch Erziehungsberechtigte im Inland aufhalten.

Die Inobhutnahme umfasst die Befugnis, ein Kind oder einen Jugendlichen bei einer geeigneten Person, in einer geeigneten Einrichtung oder in einer sonstigen Wohnform vorläufig unterzubringen; im Fall von Satz 1 Nummer 2 auch ein Kind oder einen Jugendlichen von einer anderen Person wegzunehmen.

(2) Das Jugendamt hat während der Inobhutnahme die Situation, die zur Inobhutnahme geführt hat, zusammen mit dem Kind oder dem Jugendlichen zu klären und Möglichkeiten der Hilfe und Unterstützung aufzuzeigen. Dem Kind oder dem Jugendlichen ist unverzüglich Gelegenheit zu geben, eine Person seines Vertrauens zu benachrichtigen. Das Jugendamt hat während der Inobhutnahme für das Wohl des Kindes oder des Jugendlichen zu sorgen und dabei den notwendigen Unterhalt und die Krankenhilfe sicherzustellen; § 39 Absatz 4 Satz 2 gilt entsprechend. Das Jugendamt ist während der Inobhutnahme berechtigt, alle Rechtshandlungen vorzunehmen, die zum Wohl des Kindes oder Jugendlichen notwendig sind; der mutmaßliche Wille der Personensorge- oder der Erziehungsberechtigten ist dabei angemessen zu berücksichtigen.

(3) Das Jugendamt hat im Fall des Absatzes 1 Satz 1 Nummer 1 und 2 die Personensorge- oder Erziehungsberechtigten unverzüglich von der Inobhutnahme zu unterrichten und mit ihnen das Gefährdungsrisiko abzuschätzen. Widersprechen die Personensorge- oder Erziehungsberechtigten der Inobhutnahme, so hat das Jugendamt unverzüglich

1.

das Kind oder den Jugendlichen den Personensorge- oder Erziehungsberechtigten zu übergeben, sofern nach der Einschätzung des Jugendamts eine Gefährdung des Kindeswohls nicht besteht oder die Personensorge- oder Erziehungsberechtigten bereit und in der Lage sind, die Gefährdung abzuwenden oder

2.

eine Entscheidung des Familiengerichts über die erforderlichen Maßnahmen zum Wohl des Kindes oder des Jugendlichen herbeizuführen.

Sind die Personensorge- oder Erziehungsberechtigten nicht erreichbar, so gilt Satz 2 Nummer 2 entsprechend. Im Fall des Absatzes 1 Satz 1 Nummer 3 ist unverzüglich die Bestellung eines Vormunds oder Pflegers zu veranlassen. Widersprechen die Personensorgeberechtigten der Inobhutnahme nicht, so ist unverzüglich ein Hilfeplanverfahren zur Gewährung einer Hilfe einzuleiten.

(4) Die Inobhutnahme endet mit

1.

der Übergabe des Kindes oder Jugendlichen an die Personensorge- oder Erziehungsberechtigten,

2.

der Entscheidung über die Gewährung von Hilfen nach dem Sozialgesetzbuch.

(5) Freiheitsentziehende Maßnahmen im Rahmen der Inobhutnahme sind nur zulässig, wenn und soweit sie erforderlich sind, um eine Gefahr für Leib oder Leben des Kindes oder des Jugendlichen oder eine Gefahr für Leib oder Leben Dritter abzuwenden. Die Freiheitsentziehung ist ohne gerichtliche Entscheidung spätestens mit Ablauf des Tages nach ihrem Beginn zu beenden.

(6) Ist bei der Inobhutnahme die Anwendung unmittelbaren Zwangs erforderlich, so sind die dazu befugten Stellen hinzuzuziehen.

Fußnote

(+++ § 42 Abs. 2 Satz 2: Zur Anwendung vgl. § 42f Abs. 1 +++)

-

§ 42a Vorläufige Inobhutnahme von ausländischen Kindern und Jugendlichen nach unbegleiteter Einreise

(1) Das Jugendamt ist berechtigt und verpflichtet, ein ausländisches Kind oder einen ausländischen Jugendlichen vorläufig in Obhut zu nehmen, sobald dessen unbegleitete Einreise nach Deutschland festgestellt wird. § 42 Absatz 1 Satz 2, Absatz 2 Satz 2 und 3, Absatz 5 sowie 6 gilt entsprechend.

(2) Das Jugendamt hat während der vorläufigen Inobhutnahme zusammen mit dem Kind oder dem Jugendlichen einzuschätzen,

1.

ob das Wohl des Kindes oder des Jugendlichen durch die Durchführung des Verteilungsverfahrens gefährdet würde,

2.

ob sich eine mit dem Kind oder dem Jugendlichen verwandte Person im Inland oder im Ausland aufhält,

3.

ob das Wohl des Kindes oder des Jugendlichen eine gemeinsame Inobhutnahme mit Geschwistern oder anderen unbegleiteten ausländischen Kindern oder Jugendlichen erfordert und

4.

ob der Gesundheitszustand des Kindes oder des Jugendlichen die Durchführung des Verteilungsverfahrens innerhalb von 14 Werktagen nach Beginn der vorläufigen Inobhutnahme ausschließt; hierzu soll eine ärztliche Stellungnahme eingeholt werden.

Auf der Grundlage des Ergebnisses der Einschätzung nach Satz 1 entscheidet das Jugendamt über die Anmeldung des Kindes oder des Jugendlichen zur Verteilung oder den Ausschluss der Verteilung.

(3) Das Jugendamt ist während der vorläufigen Inobhutnahme berechtigt und verpflichtet, alle Rechtshandlungen vorzunehmen, die zum Wohl des Kindes oder des Jugendlichen notwendig sind. Dabei ist das Kind oder der Jugendliche zu beteiligen und der mutmaßliche Wille der Personen- oder der Erziehungsberechtigten angemessen zu berücksichtigen.

(4) Das Jugendamt hat der nach Landesrecht für die Verteilung von unbegleiteten ausländischen Kindern und Jugendlichen zuständigen Stelle die vorläufige Inobhutnahme des Kindes oder des Jugendlichen innerhalb von sieben Werktagen nach Beginn der Maßnahme zur Erfüllung der in § 42b genannten Aufgaben mitzuteilen. Zu diesem Zweck sind auch die Ergebnisse der Einschätzung nach Absatz 2 Satz 1 mitzuteilen. Die nach Landesrecht zuständige Stelle hat gegenüber dem Bundesverwaltungsamt innerhalb von drei Werktagen das Kind oder den Jugendlichen zur Verteilung anzumelden oder den Ausschluss der Verteilung anzuzeigen.

(5) Soll das Kind oder der Jugendliche im Rahmen eines Verteilungsverfahrens untergebracht werden, so umfasst die vorläufige

Inobhutnahme auch die Pflicht,

1.

die Begleitung des Kindes oder des Jugendlichen und dessen Übergabe durch eine insofern geeignete Person an das für die Inobhutnahme nach § 42 Absatz 1 Satz 1 Nummer 3 zuständige Jugendamt sicherzustellen sowie

2.

dem für die Inobhutnahme nach § 42 Absatz 1 Satz 1 Nummer 3 zuständigen Jugendamt unverzüglich die personenbezogenen Daten zu übermitteln, die zur Wahrnehmung der Aufgaben nach § 42 erforderlich sind.

Hält sich eine mit dem Kind oder dem Jugendlichen verwandte Person im Inland oder im Ausland auf, hat das Jugendamt auf eine Zusammenführung des Kindes oder des Jugendlichen mit dieser Person hinzuwirken, wenn dies dem Kindeswohl entspricht. Das Kind oder der Jugendliche ist an der Übergabe und an der Entscheidung über die Familienzusammenführung angemessen zu beteiligen.

(6) Die vorläufige Inobhutnahme endet mit der Übergabe des Kindes oder des Jugendlichen an die Personensorge- oder Erziehungsberechtigten oder an das aufgrund der Zuweisungsentscheidung der zuständigen Landesbehörde nach § 88a Absatz 2 Satz 1 zuständige Jugendamt oder mit der Anzeige nach Absatz 4 Satz 3 über den Ausschluss des Verteilungsverfahrens nach § 42b Absatz 4.

-

§ 42b Verfahren zur Verteilung unbegleiteter ausländischer Kinder und Jugendlicher

(1) Das Bundesverwaltungsamt benennt innerhalb von zwei Werktagen nach Anmeldung eines unbegleiteten ausländischen Kindes oder Jugendlichen zur Verteilung durch die zuständige Landesstelle das zu dessen Aufnahme verpflichtete Land. Maßgebend dafür ist die Aufnahmequote nach § 42c.

(2) Im Rahmen der Aufnahmequote nach § 42c soll vorrangig dasjenige Land benannt werden, in dessen Bereich das Jugendamt liegt, das das Kind oder den Jugendlichen nach § 42a vorläufig in Obhut genommen hat. Hat dieses Land die Aufnahmequote nach § 42c bereits erfüllt, soll das nächstgelegene Land benannt werden.

(3) Die nach Landesrecht für die Verteilung von unbegleiteten ausländischen Kindern oder Jugendlichen zuständige Stelle des nach Absatz 1 benannten Landes weist das Kind oder den Jugendlichen innerhalb von zwei Werktagen einem in seinem Bereich gelegenen Jugendamt zur Inobhutnahme nach § 42 Absatz 1 Satz 1 Nummer 3 zu und teilt dies demjenigen Jugendamt mit, welches das Kind oder den Jugendlichen nach § 42a vorläufig in Obhut

genommen hat. Maßgeblich für die Zuweisung sind die spezifischen Schutzbedürfnisse und Bedarfe unbegleiteter ausländischer Minderjähriger. Für die Verteilung von unbegleiteten ausländischen Kindern oder Jugendlichen ist das Landesjugendamt zuständig, es sei denn, dass Landesrecht etwas anderes regelt.

(4) Die Durchführung eines Verteilungsverfahrens ist bei einem unbegleiteten ausländischen Kind oder Jugendlichen ausgeschlossen, wenn

1.

dadurch dessen Wohl gefährdet würde,

2.

dessen Gesundheitszustand die Durchführung eines Verteilungsverfahrens innerhalb von 14 Werktagen nach Beginn der vorläufigen Inobhutnahme gemäß § 42a nicht zulässt,

3.

dessen Zusammenführung mit einer verwandten Person kurzfristig erfolgen kann, zum Beispiel aufgrund der Verordnung (EU) Nr. 604/2013 des Europäischen Parlaments und des Rates vom 26. Juni 2013 zur Festlegung der Kriterien und Verfahren zur Bestimmung des Mitgliedstaats, der für die Prüfung eines von einem Drittstaatsangehörigen oder Staatenlosen in einem Mitgliedstaat gestellten Antrags auf internationalen Schutz zuständig ist (ABl. L 180 vom 29.6.2013, S. 31), und dies dem Wohl des Kindes entspricht oder

4.

die Durchführung des Verteilungsverfahrens nicht innerhalb von einem Monat nach Beginn der vorläufigen Inobhutnahme erfolgt.

(5) Geschwister dürfen nicht getrennt werden, es sei denn, dass das Kindeswohl eine Trennung erfordert. Im Übrigen sollen unbegleitete ausländische Kinder oder Jugendliche im Rahmen der Aufnahmequote nach § 42c nach Durchführung des Verteilungsverfahrens gemeinsam nach § 42 in Obhut genommen werden, wenn das Kindeswohl dies erfordert.

(6) Der örtliche Träger stellt durch werktägliche Mitteilungen sicher, dass die nach Landesrecht für die Verteilung von unbegleiteten ausländischen Kindern und Jugendlichen zuständige Stelle jederzeit über die für die Zuweisung nach Absatz 3 erforderlichen Angaben unterrichtet wird. Die nach Landesrecht für die Verteilung von unbegleiteten ausländischen Kindern oder Jugendlichen zuständige Stelle stellt durch werktägliche Mitteilungen sicher, dass das Bundesverwaltungsamt jederzeit über die Angaben unterrichtet wird, die für die Benennung des zur Aufnahme verpflichteten Landes nach Absatz 1 erforderlich sind.

(7) Gegen Entscheidungen nach dieser Vorschrift findet kein Widerspruch statt. Die Klage gegen Entscheidungen nach dieser Vorschrift hat keine aufschiebende Wirkung.

(8) Das Nähere regelt das Landesrecht.

§ 42c Aufnahmequote

(1) Die Länder können durch Vereinbarung einen Schlüssel als Grundlage für die Benennung des zur Aufnahme verpflichteten Landes nach § 42b Absatz 1 festlegen. Bis zum Zustandekommen dieser Vereinbarung oder bei deren Wegfall richtet sich die Aufnahmequote für das jeweilige Kalenderjahr nach dem von dem Büro der Gemeinsamen Wissenschaftskonferenz im Bundesanzeiger veröffentlichten Schlüssel, der für das vorangegangene Kalenderjahr entsprechend den Steuereinnahmen und der Bevölkerungszahl der Länder errechnet worden ist (Königsteiner Schlüssel), und nach dem Ausgleich für den Bestand der Anzahl unbegleiteter ausländischer Minderjähriger, denen am 1. November 2015 in den einzelnen Ländern Jugendhilfe gewährt wird. Ein Land kann seiner Aufnahmepflicht eine höhere Quote als die Aufnahmequote nach Satz 1 oder 2 zugrunde legen; dies ist gegenüber dem Bundesverwaltungsamt anzuzeigen.

(2) Ist die Durchführung des Verteilungsverfahrens ausgeschlossen, wird die Anzahl der im Land verbleibenden unbegleiteten ausländischen Kinder und Jugendlichen auf die Aufnahmequote nach Absatz 1 angerechnet. Gleiches gilt, wenn der örtliche Träger eines anderen Landes die Zuständigkeit für die Inobhutnahme eines unbegleiteten ausländischen Kindes oder Jugendlichen von dem nach § 88a Absatz 2 zuständigen örtlichen Träger übernimmt.

(3) Bis zum 1. Mai 2017 wird die Aufnahmepflicht durch einen Abgleich der aktuellen Anzahl unbegleiteter ausländischer Minderjähriger in den Ländern mit der Aufnahmequote nach Absatz 1 werktäglich ermittelt.

§ 42d Übergangsregelung

(1) Kann ein Land die Anzahl von unbegleiteten ausländischen Kindern oder Jugendlichen, die seiner Aufnahmequote nach § 42c entspricht, nicht aufnehmen, so kann es dies gegenüber dem Bundesverwaltungsamt anzeigen.

(2) In diesem Fall reduziert sich für das Land die Aufnahmequote

1.
    bis zum 1. Dezember 2015 um zwei Drittel sowie
2.
    bis zum 1. Januar 2016 um ein Drittel.

(3) Bis zum 31. Dezember 2016 kann die Ausschlussfrist nach § 42b Absatz 4 Nummer 4 um einen Monat verlängert werden, wenn die zuständige Landesstelle gegenüber dem Bundesverwaltungsamt anzeigt, dass die Durchführung des Verteilungsverfahrens in Bezug auf einen unbegleiteten

ausländischen Minderjährigen nicht innerhalb dieser Frist erfolgen kann. In diesem Fall hat das Jugendamt nach Ablauf eines Monats nach Beginn der vorläufigen Inobhutnahme die Bestellung eines Vormunds oder Pflegers zu veranlassen.

(4) Ab dem 1. August 2016 ist die Geltendmachung des Anspruchs des örtlichen Trägers gegenüber dem nach § 89d Absatz 3 erstattungspflichtigen Land auf Erstattung der Kosten, die vor dem 1. November 2015 entstanden sind, ausgeschlossen. Der Erstattungsanspruch des örtlichen Trägers gegenüber dem nach § 89d Absatz 3 erstattungspflichtigen Land verjährt in einem Jahr; im Übrigen gilt § 113 des Zehnten Buches entsprechend.

(5) Die Geltendmachung des Anspruchs des örtlichen Trägers gegenüber dem nach § 89d Absatz 3 erstattungspflichtigen Land auf Erstattung der Kosten, die nach dem 1. November 2015 entstanden sind, ist ausgeschlossen. Die Erstattung dieser Kosten richtet sich nach § 89d Absatz 1.

-

§ 42e Berichtspflicht

Die Bundesregierung hat dem Deutschen Bundestag jährlich einen Bericht über die Situation unbegleiteter ausländischer Minderjähriger in Deutschland vorzulegen.

-

§ 42f Behördliches Verfahren zur Altersfeststellung

(1) Das Jugendamt hat im Rahmen der vorläufigen Inobhutnahme der ausländischen Person gemäß § 42a deren Minderjährigkeit durch Einsichtnahme in deren Ausweispapiere festzustellen oder hilfsweise mittels einer qualifizierten Inaugenscheinnahme einzuschätzen und festzustellen. § 8 Absatz 1 und § 42 Absatz 2 Satz 2 sind entsprechend anzuwenden.

(2) Auf Antrag des Betroffenen oder seines Vertreters oder von Amts wegen hat das Jugendamt in Zweifelsfällen eine ärztliche Untersuchung zur Altersbestimmung zu veranlassen. Ist eine ärztliche Untersuchung durchzuführen, ist die betroffene Person durch das Jugendamt umfassend über die Untersuchungsmethode und über die möglichen Folgen der Altersbestimmung aufzuklären. Ist die ärztliche Untersuchung von Amts wegen durchzuführen, ist die betroffene Person zusätzlich über die Folgen einer Weigerung, sich der ärztlichen Untersuchung zu unterziehen, aufzuklären; die Untersuchung darf nur mit Einwilligung der betroffenen Person und ihres Vertreters durchgeführt werden. Die §§ 60, 62 und 65 bis 67 des Ersten Buches sind entsprechend anzuwenden.

(3) Widerspruch und Klage gegen die Entscheidung des Jugendamts,

aufgrund der Altersfeststellung nach dieser Vorschrift die vorläufige Inobhutnahme nach § 42a oder die Inobhutnahme nach § 42 Absatz 1 Satz 1 Nummer 3 abzulehnen oder zu beenden, haben keine aufschiebende Wirkung. Landesrecht kann bestimmen, dass gegen diese Entscheidung Klage ohne Nachprüfung in einem Vorverfahren nach § 68 der Verwaltungsgerichtsordnung erhoben werden kann.

Zweiter Abschnitt
Schutz von Kindern und Jugendlichen in Familienpflege und in Einrichtungen

-

§ 43 Erlaubnis zur Kindertagespflege

(1) Eine Person, die ein Kind oder mehrere Kinder außerhalb des Haushalts des Erziehungsberechtigten während eines Teils des Tages und mehr als 15 Stunden wöchentlich gegen Entgelt länger als drei Monate betreuen will, bedarf der Erlaubnis.

(2) Die Erlaubnis ist zu erteilen, wenn die Person für die Kindertagespflege geeignet ist. Geeignet im Sinne des Satzes 1 sind Personen, die

1.
   sich durch ihre Persönlichkeit, Sachkompetenz und Kooperationsbereitschaft mit Erziehungsberechtigten und anderen Tagespflegepersonen auszeichnen und

2.
   über kindgerechte Räumlichkeiten verfügen.

Sie sollen über vertiefte Kenntnisse hinsichtlich der Anforderungen der Kindertagespflege verfügen, die sie in qualifizierten Lehrgängen erworben oder in anderer Weise nachgewiesen haben. § 72a Absatz 1 und 5 gilt entsprechend.

(3) Die Erlaubnis befugt zur Betreuung von bis zu fünf gleichzeitig anwesenden, fremden Kindern. Im Einzelfall kann die Erlaubnis für eine geringere Zahl von Kindern erteilt werden. Landesrecht kann bestimmen, dass die Erlaubnis zur Betreuung von mehr als fünf gleichzeitig anwesenden, fremden Kindern erteilt werden kann, wenn die Person über eine pädagogische Ausbildung verfügt; in der Pflegestelle dürfen nicht mehr Kinder betreut werden als in einer vergleichbaren Gruppe einer Tageseinrichtung. Die Erlaubnis ist auf fünf Jahre befristet. Sie kann mit einer Nebenbestimmung versehen werden. Die Tagespflegeperson hat den Träger der öffentlichen Jugendhilfe über wichtige Ereignisse zu unterrichten, die für die Betreuung des oder der Kinder bedeutsam sind.

(4) Erziehungsberechtigte und Tagespflegepersonen haben Anspruch auf Beratung in allen Fragen der Kindertagespflege.

(5) Das Nähere regelt das Landesrecht.

§ 44 Erlaubnis zur Vollzeitpflege

(1) Wer ein Kind oder einen Jugendlichen über Tag und Nacht in seinem Haushalt aufnehmen will (Pflegeperson), bedarf der Erlaubnis. Einer Erlaubnis bedarf nicht, wer ein Kind oder einen Jugendlichen

1.

im Rahmen von Hilfe zur Erziehung oder von Eingliederungshilfe für seelisch behinderte Kinder und Jugendliche auf Grund einer Vermittlung durch das Jugendamt,

2.

als Vormund oder Pfleger im Rahmen seines Wirkungskreises,

3.

als Verwandter oder Verschwägerter bis zum dritten Grad,

4.

bis zur Dauer von acht Wochen,

5.

im Rahmen eines Schüler- oder Jugendaustausches,

6.

in Adoptionspflege (§ 1744 des Bürgerlichen Gesetzbuchs)
über Tag und Nacht aufnimmt.

(2) Die Erlaubnis ist zu versagen, wenn das Wohl des Kindes oder des Jugendlichen in der Pflegestelle nicht gewährleistet ist. § 72a Absatz 1 und 5 gilt entsprechend.

(3) Das Jugendamt soll den Erfordernissen des Einzelfalls entsprechend an Ort und Stelle überprüfen, ob die Voraussetzungen für die Erteilung der Erlaubnis weiter bestehen. Ist das Wohl des Kindes oder des Jugendlichen in der Pflegestelle gefährdet und ist die Pflegeperson nicht bereit oder in der Lage, die Gefährdung abzuwenden, so ist die Erlaubnis zurückzunehmen oder zu widerrufen.

(4) Wer ein Kind oder einen Jugendlichen in erlaubnispflichtige Familienpflege aufgenommen hat, hat das Jugendamt über wichtige Ereignisse zu unterrichten, die das Wohl des Kindes oder des Jugendlichen betreffen.

§ 45 Erlaubnis für den Betrieb einer Einrichtung

(1) Der Träger einer Einrichtung, in der Kinder oder Jugendliche ganztägig oder für einen Teil des Tages betreut werden oder Unterkunft erhalten, bedarf für den Betrieb der Einrichtung der Erlaubnis. Einer Erlaubnis bedarf nicht, wer

1.

eine Jugendfreizeiteinrichtung, eine Jugendbildungseinrichtung, eine Jugendherberge oder ein Schullandheim betreibt,

2.

ein Schülerheim betreibt, das landesgesetzlich der Schulaufsicht untersteht,

3.

eine Einrichtung betreibt, die außerhalb der Jugendhilfe liegende Aufgaben für Kinder oder Jugendliche wahrnimmt, wenn für sie eine entsprechende gesetzliche Aufsicht besteht oder im Rahmen des Hotel- und Gaststättengewerbes der Aufnahme von Kindern oder Jugendlichen dient.

(2) Die Erlaubnis ist zu erteilen, wenn das Wohl der Kinder und Jugendlichen in der Einrichtung gewährleistet ist. Dies ist in der Regel anzunehmen, wenn

1.

die dem Zweck und der Konzeption der Einrichtung entsprechenden räumlichen, fachlichen, wirtschaftlichen und personellen Voraussetzungen für den Betrieb erfüllt sind,

2.

die gesellschaftliche und sprachliche Integration und ein gesundheitsförderliches Lebensumfeld in der Einrichtung unterstützt werden sowie die gesundheitliche Vorsorge und die medizinische Betreuung der Kinder und Jugendlichen nicht erschwert werden sowie

3.

zur Sicherung der Rechte von Kindern und Jugendlichen in der Einrichtung geeignete Verfahren der Beteiligung sowie der Möglichkeit der Beschwerde in persönlichen Angelegenheiten Anwendung finden.

(3) Zur Prüfung der Voraussetzungen hat der Träger der Einrichtung mit dem Antrag

1.

die Konzeption der Einrichtung vorzulegen, die auch Auskunft über Maßnahmen zur Qualitätsentwicklung und -sicherung gibt, sowie

2.

im Hinblick auf die Eignung des Personals nachzuweisen, dass die Vorlage und Prüfung von aufgabenspezifischen Ausbildungsnachweisen sowie von Führungszeugnissen nach § 30 Absatz 5 und § 30a Absatz 1 des Bundeszentralregistergesetzes sichergestellt sind; Führungszeugnisse sind von dem Träger der Einrichtung in regelmäßigen Abständen erneut anzufordern und zu prüfen.

(4) Die Erlaubnis kann mit Nebenbestimmungen versehen werden. Zur Sicherung des Wohls der Kinder und der Jugendlichen können auch nachträgliche Auflagen erteilt werden.

(5) Besteht für eine erlaubnispflichtige Einrichtung eine Aufsicht nach anderen Rechtsvorschriften, so hat die zuständige Behörde ihr Tätigwerden zuvor mit der anderen Behörde abzustimmen. Sie hat den Träger der Einrichtung rechtzeitig auf weitergehende Anforderungen nach anderen Rechtsvorschriften hinzuweisen.

(6) Sind in einer Einrichtung Mängel festgestellt worden, so soll die zuständige Behörde zunächst den Träger der Einrichtung über die Möglichkeiten zur Beseitigung der Mängel beraten. Wenn sich die Beseitigung der Mängel auf Entgelte oder Vergütungen nach § 75 des Zwölften Buches auswirken kann, so ist der Träger der Sozialhilfe an der Beratung zu beteiligen, mit dem Vereinbarungen nach dieser Vorschrift bestehen. Werden festgestellte Mängel nicht behoben, so können dem Träger der Einrichtung Auflagen erteilt werden, die zur Beseitigung einer eingetretenen oder Abwendung einer drohenden Beeinträchtigung oder Gefährdung des Wohls der Kinder oder Jugendlichen erforderlich sind. Wenn sich eine Auflage auf Entgelte oder Vergütungen nach § 75 des Zwölften Buches auswirkt, so entscheidet die zuständige Behörde nach Anhörung des Trägers der Sozialhilfe, mit dem Vereinbarungen nach dieser Vorschrift bestehen, über die Erteilung der Auflage. Die Auflage ist nach Möglichkeit in Übereinstimmung mit Vereinbarungen nach den §§ 75 bis 80 des Zwölften Buches auszugestalten.

(7) Die Erlaubnis ist zurückzunehmen oder zu widerrufen, wenn das Wohl der Kinder oder der Jugendlichen in der Einrichtung gefährdet und der Träger der Einrichtung nicht bereit oder nicht in der Lage ist, die Gefährdung abzuwenden. Widerspruch und Anfechtungsklage gegen die Rücknahme oder den Widerruf der Erlaubnis haben keine aufschiebende Wirkung.

-

§ 46 Örtliche Prüfung

(1) Die zuständige Behörde soll nach den Erfordernissen des Einzelfalls an Ort und Stelle überprüfen, ob die Voraussetzungen für die Erteilung der Erlaubnis weiter bestehen. Der Träger der Einrichtung soll bei der örtlichen Prüfung mitwirken. Sie soll das Jugendamt und einen zentralen Träger der freien Jugendhilfe, wenn diesem der Träger der Einrichtung angehört, an der Überprüfung beteiligen.

(2) Die von der zuständigen Behörde mit der Überprüfung der Einrichtung beauftragten Personen sind berechtigt, die für die Einrichtung benutzten Grundstücke und Räume, soweit diese nicht einem Hausrecht der Bewohner unterliegen, während der Tageszeit zu betreten, dort Prüfungen und Besichtigungen vorzunehmen, sich mit den Kindern und Jugendlichen in Verbindung zu setzen und die Beschäftigten zu befragen. Zur Abwehr von Gefahren für das Wohl der Kinder und der Jugendlichen können die

Grundstücke und Räume auch außerhalb der in Satz 1 genannten Zeit und auch, wenn sie zugleich einem Hausrecht der Bewohner unterliegen, betreten werden. Der Träger der Einrichtung hat die Maßnahmen nach den Sätzen 1 und 2 zu dulden.

-

§ 47 Meldepflichten

Der Träger einer erlaubnispflichtigen Einrichtung hat der zuständigen Behörde unverzüglich

1.

die Betriebsaufnahme unter Angabe von Name und Anschrift des Trägers, Art und Standort der Einrichtung, der Zahl der verfügbaren Plätze sowie der Namen und der beruflichen Ausbildung des Leiters und der Betreuungskräfte,

2.

Ereignisse oder Entwicklungen, die geeignet sind, das Wohl der Kinder und Jugendlichen zu beeinträchtigen, sowie

3.

die bevorstehende Schließung der Einrichtung

anzuzeigen. Änderungen der in Nummer 1 bezeichneten Angaben sowie der Konzeption sind der zuständigen Behörde unverzüglich, die Zahl der belegten Plätze ist jährlich einmal zu melden.

-

§ 48 Tätigkeitsuntersagung

Die zuständige Behörde kann dem Träger einer erlaubnispflichtigen Einrichtung die weitere Beschäftigung des Leiters, eines Beschäftigten oder sonstigen Mitarbeiters ganz oder für bestimmte Funktionen oder Tätigkeiten untersagen, wenn Tatsachen die Annahme rechtfertigen, dass er die für seine Tätigkeit erforderliche Eignung nicht besitzt.

-

§ 48a Sonstige betreute Wohnform

(1) Für den Betrieb einer sonstigen Wohnform, in der Kinder oder Jugendliche betreut werden oder Unterkunft erhalten, gelten die §§ 45 bis 48 entsprechend.
(2) Ist die sonstige Wohnform organisatorisch mit einer Einrichtung verbunden, so gilt sie als Teil der Einrichtung.

-

§ 49 Landesrechtsvorbehalt

Das Nähere über die in diesem Abschnitt geregelten Aufgaben regelt das Landesrecht.

Dritter Abschnitt
Mitwirkung in gerichtlichen Verfahren

-

§ 50 Mitwirkung in Verfahren vor den Familiengerichten

(1) Das Jugendamt unterstützt das Familiengericht bei allen Maßnahmen, die die Sorge für die Person von Kindern und Jugendlichen betreffen. Es hat in folgenden Verfahren nach dem Gesetz über das Verfahren in Familiensachen und in den Angelegenheiten der freiwilligen Gerichtsbarkeit mitzuwirken:

1.

Kindschaftssachen (§ 162 des Gesetzes über das Verfahren in Familiensachen und in den Angelegenheiten der freiwilligen Gerichtsbarkeit),

2.

Abstammungssachen (§ 176 des Gesetzes über das Verfahren in Familiensachen und in den Angelegenheiten der freiwilligen Gerichtsbarkeit),

3.

Adoptionssachen (§ 188 Absatz 2, §§ 189, 194, 195 des Gesetzes über das Verfahren in Familiensachen und in den Angelegenheiten der freiwilligen Gerichtsbarkeit),

4.

Ehewohnungssachen (§ 204 Absatz 2, § 205 des Gesetzes über das Verfahren in Familiensachen und in den Angelegenheiten der freiwilligen Gerichtsbarkeit) und

5.

Gewaltschutzsachen (§§ 212, 213 des Gesetzes über das Verfahren in Familiensachen und in den Angelegenheiten der freiwilligen Gerichtsbarkeit).

(2) Das Jugendamt unterrichtet insbesondere über angebotene und erbrachte Leistungen, bringt erzieherische und soziale Gesichtspunkte zur Entwicklung des Kindes oder des Jugendlichen ein und weist auf weitere Möglichkeiten der Hilfe hin. In Kindschaftssachen informiert das Jugendamt das Familiengericht in dem Termin nach § 155 Absatz 2 des Gesetzes über das Verfahren in Familiensachen und in den Angelegenheiten der freiwilligen Gerichtsbarkeit über den Stand des Beratungsprozesses.

(3) Das Jugendamt, das in Verfahren zur Übertragung der gemeinsamen

Sorge nach § 155a Absatz 4 Satz 1 und § 162 des Gesetzes über das Verfahren in Familiensachen und in den Angelegenheiten der freiwilligen Gerichtsbarkeit angehört wird oder sich am Verfahren beteiligt, teilt gerichtliche Entscheidungen, aufgrund derer die Sorge gemäß § 1626a Absatz 2 Satz 1 des Bürgerlichen Gesetzbuchs den Eltern ganz oder zum Teil gemeinsam übertragen wird, dem nach § 87c Absatz 6 Satz 2 zuständigen Jugendamt zu den in § 58a genannten Zwecken unverzüglich mit. Mitzuteilen sind auch das Geburtsdatum und der Geburtsort des Kindes oder des Jugendlichen sowie der Name, den das Kind oder der Jugendliche zur Zeit der Beurkundung seiner Geburt geführt hat.

-

§ 51 Beratung und Belehrung in Verfahren zur Annahme als Kind

(1) Das Jugendamt hat im Verfahren zur Ersetzung der Einwilligung eines Elternteils in die Annahme nach § 1748 Absatz 2 Satz 1 des Bürgerlichen Gesetzbuchs den Elternteil über die Möglichkeit der Ersetzung der Einwilligung zu belehren. Es hat ihn darauf hinzuweisen, dass das Familiengericht die Einwilligung erst nach Ablauf von drei Monaten nach der Belehrung ersetzen darf. Der Belehrung bedarf es nicht, wenn der Elternteil seinen Aufenthaltsort ohne Hinterlassung seiner neuen Anschrift gewechselt hat und der Aufenthaltsort vom Jugendamt während eines Zeitraums von drei Monaten trotz angemessener Nachforschungen nicht ermittelt werden konnte; in diesem Fall beginnt die Frist mit der ersten auf die Belehrung oder auf die Ermittlung des Aufenthaltsorts gerichteten Handlung des Jugendamts. Die Fristen laufen frühestens fünf Monate nach der Geburt des Kindes ab.
(2) Das Jugendamt soll den Elternteil mit der Belehrung nach Absatz 1 über Hilfen beraten, die die Erziehung des Kindes in der eigenen Familie ermöglichen könnten. Einer Beratung bedarf es insbesondere nicht, wenn das Kind seit längerer Zeit bei den Annehmenden in Familienpflege lebt und bei seiner Herausgabe an den Elternteil eine schwere und nachhaltige Schädigung des körperlichen und seelischen Wohlbefindens des Kindes zu erwarten ist. Das Jugendamt hat dem Familiengericht im Verfahren mitzuteilen, welche Leistungen erbracht oder angeboten worden sind oder aus welchem Grund davon abgesehen wurde.
(3) Steht nicht miteinander verheirateten Eltern die elterliche Sorge nicht gemeinsam zu, so hat das Jugendamt den Vater bei der Wahrnehmung seiner Rechte nach § 1747 Absatz 1 und 3 des Bürgerlichen Gesetzbuchs zu beraten.

-

§ 52 Mitwirkung in Verfahren nach dem Jugendgerichtsgesetz

(2) Das Jugendamt hat frühzeitig zu prüfen, ob für den Jugendlichen oder den jungen Volljährigen Leistungen der Jugendhilfe in Betracht kommen. Ist dies der Fall oder ist eine geeignete Leistung bereits eingeleitet oder gewährt worden, so hat das Jugendamt den Staatsanwalt oder den Richter umgehend davon zu unterrichten, damit geprüft werden kann, ob diese Leistung ein Absehen von der Verfolgung (§ 45 JGG) oder eine Einstellung des Verfahrens (§ 47 JGG) ermöglicht.

(3) Der Mitarbeiter des Jugendamts oder des anerkannten Trägers der freien Jugendhilfe, der nach § 38 Absatz 2 Satz 2 des Jugendgerichtsgesetzes tätig wird, soll den Jugendlichen oder den jungen Volljährigen während des gesamten Verfahrens betreuen.

Vierter Abschnitt
Beistandschaft, Pflegschaft und Vormundschaft für Kinder und Jugendliche, Auskunft über Nichtabgabe von Sorgeerklärungen

-

§ 52a Beratung und Unterstützung bei Vaterschaftsfeststellung und Geltendmachung von Unterhaltsansprüchen

(1) Das Jugendamt hat unverzüglich nach der Geburt eines Kindes, dessen Eltern nicht miteinander verheiratet sind, der Mutter Beratung und Unterstützung insbesondere bei der Vaterschaftsfeststellung und der Geltendmachung von Unterhaltsansprüchen des Kindes anzubieten. Hierbei hat es hinzuweisen auf

1.
    die Bedeutung der Vaterschaftsfeststellung,
2.
    die Möglichkeiten, wie die Vaterschaft festgestellt werden kann, insbesondere bei welchen Stellen die Vaterschaft anerkannt werden kann,
3.
    die Möglichkeit, die Verpflichtung zur Erfüllung von Unterhaltsansprüchen nach § 59 Absatz 1 Satz 1 Nummer 3 beurkunden zu lassen,
4.
    die Möglichkeit, eine Beistandschaft zu beantragen, sowie auf die Rechtsfolgen einer solchen Beistandschaft,

5.
die Möglichkeit der gemeinsamen elterlichen Sorge.
Das Jugendamt hat der Mutter ein persönliches Gespräch anzubieten. Das Gespräch soll in der Regel in der persönlichen Umgebung der Mutter stattfinden, wenn diese es wünscht.
(2) Das Angebot nach Absatz 1 kann vor der Geburt des Kindes erfolgen, wenn anzunehmen ist, dass seine Eltern bei der Geburt nicht miteinander verheiratet sein werden.
(3) Wurde eine nach § 1592 Nummer 1 oder 2 des Bürgerlichen Gesetzbuchs bestehende Vaterschaft zu einem Kind oder Jugendlichen durch eine gerichtliche Entscheidung beseitigt, so hat das Gericht dem Jugendamt Mitteilung zu machen. Absatz 1 gilt entsprechend.
(4) Das Standesamt hat die Geburt eines Kindes, dessen Eltern nicht miteinander verheiratet sind, unverzüglich dem Jugendamt anzuzeigen.
-

§ 53 Beratung und Unterstützung von Pflegern und Vormündern

(1) Das Jugendamt hat dem Familiengericht Personen und Vereine vorzuschlagen, die sich im Einzelfall zum Pfleger oder Vormund eignen.
(2) Pfleger und Vormünder haben Anspruch auf regelmäßige und dem jeweiligen erzieherischen Bedarf des Mündels entsprechende Beratung und Unterstützung.
(3) Das Jugendamt hat darauf zu achten, dass die Vormünder und Pfleger für die Person der Mündel, insbesondere ihre Erziehung und Pflege, Sorge tragen. Es hat beratend darauf hinzuwirken, dass festgestellte Mängel im Einvernehmen mit dem Vormund oder dem Pfleger behoben werden. Soweit eine Behebung der Mängel nicht erfolgt, hat es dies dem Familiengericht mitzuteilen. Es hat dem Familiengericht über das persönliche Ergehen und die Entwicklung eines Mündels Auskunft zu erteilen. Erlangt das Jugendamt Kenntnis von der Gefährdung des Vermögens eines Mündels, so hat es dies dem Familiengericht anzuzeigen.
(4) Für die Gegenvormundschaft gelten die Absätze 1 und 2 entsprechend. Ist ein Verein Vormund, so findet Absatz 3 keine Anwendung.
-

§ 54 Erlaubnis zur Übernahme von Vereinsvormundschaften

(1) Ein rechtsfähiger Verein kann Pflegschaften oder Vormundschaften übernehmen, wenn ihm das Landesjugendamt dazu eine Erlaubnis erteilt hat. Er kann eine Beistandschaft übernehmen, soweit Landesrecht dies vorsieht.
(2) Die Erlaubnis ist zu erteilen, wenn der Verein gewährleistet, dass er
1.

eine ausreichende Zahl geeigneter Mitarbeiter hat und diese beaufsichtigen, weiterbilden und gegen Schäden, die diese anderen im Rahmen ihrer Tätigkeit zufügen können, angemessen versichern wird,

2.

sich planmäßig um die Gewinnung von Einzelvormündern und Einzelpflegern bemüht und sie in ihre Aufgaben einführt, fortbildet und berät,

3.

einen Erfahrungsaustausch zwischen den Mitarbeitern ermöglicht.
(3) Die Erlaubnis gilt für das jeweilige Bundesland, in dem der Verein seinen Sitz hat. Sie kann auf den Bereich eines Landesjugendamts beschränkt werden.
(4) Das Nähere regelt das Landesrecht. Es kann auch weitere Voraussetzungen für die Erteilung der Erlaubnis vorsehen.

-

§ 55 Beistandschaft, Amtspflegschaft und Amtsvormundschaft

(1) Das Jugendamt wird Beistand, Pfleger oder Vormund in den durch das Bürgerliche Gesetzbuch vorgesehenen Fällen (Beistandschaft, Amtspflegschaft, Amtsvormundschaft).
(2) Das Jugendamt überträgt die Ausübung der Aufgaben des Beistands, des Amtspflegers oder des Amtsvormunds einzelnen seiner Beamten oder Angestellten. Vor der Übertragung der Aufgaben des Amtspflegers oder des Amtsvormunds soll das Jugendamt das Kind oder den Jugendlichen zur Auswahl des Beamten oder Angestellten mündlich anhören, soweit dies nach Alter und Entwicklungsstand des Kindes oder Jugendlichen möglich ist. Eine ausnahmsweise vor der Übertragung unterbliebene Anhörung ist unverzüglich nachzuholen. Ein vollzeitbeschäftigter Beamter oder Angestellter, der nur mit der Führung von Vormundschaften oder Pflegschaften betraut ist, soll höchstens 50 und bei gleichzeitiger Wahrnehmung anderer Aufgaben entsprechend weniger Vormundschaften oder Pflegschaften führen.
(3) Die Übertragung gehört zu den Angelegenheiten der laufenden Verwaltung. In dem durch die Übertragung umschriebenen Rahmen ist der Beamte oder Angestellte gesetzlicher Vertreter des Kindes oder Jugendlichen. Amtspfleger und Amtsvormund haben den persönlichen Kontakt zu diesem zu halten sowie dessen Pflege und Erziehung nach Maßgabe des § 1793 Absatz 1a und § 1800 des Bürgerlichen Gesetzbuchs persönlich zu fördern und zu gewährleisten.

§ 56 Führung der Beistandschaft, der Amtspflegschaft und der Amtsvormundschaft

(1) Auf die Führung der Beistandschaft, der Amtspflegschaft und der Amtsvormundschaft sind die Bestimmungen des Bürgerlichen Gesetzbuchs anzuwenden, soweit dieses Gesetz nicht etwas anderes bestimmt.
(2) Gegenüber dem Jugendamt als Amtsvormund und Amtspfleger werden die Vorschriften des § 1802 Absatz 3 und des § 1818 des Bürgerlichen Gesetzbuchs nicht angewandt. In den Fällen des § 1803 Absatz 2, des § 1811 und des § 1822 Nummer 6 und 7 des Bürgerlichen Gesetzbuchs ist eine Genehmigung des Familiengerichts nicht erforderlich. Landesrecht kann für das Jugendamt als Amtspfleger oder als Amtsvormund weitergehende Ausnahmen von der Anwendung der Bestimmungen des Bürgerlichen Gesetzbuchs über die Vormundschaft über Minderjährige (§§ 1773 bis 1895) vorsehen, die die Aufsicht des Familiengerichts in vermögensrechtlicher Hinsicht sowie beim Abschluss von Lehr- und Arbeitsverträgen betreffen.
(3) Mündelgeld kann mit Genehmigung des Familiengerichts auf Sammelkonten des Jugendamts bereitgehalten und angelegt werden, wenn es den Interessen des Mündels dient und sofern die sichere Verwaltung, Trennbarkeit und Rechnungslegung des Geldes einschließlich der Zinsen jederzeit gewährleistet ist; Landesrecht kann bestimmen, dass eine Genehmigung des Familiengerichts nicht erforderlich ist. Die Anlegung von Mündelgeld gemäß § 1807 des Bürgerlichen Gesetzbuchs ist auch bei der Körperschaft zulässig, die das Jugendamt errichtet hat.
(4) Das Jugendamt hat in der Regel jährlich zu prüfen, ob im Interesse des Kindes oder des Jugendlichen seine Entlassung als Amtspfleger oder Amtsvormund und die Bestellung einer Einzelperson oder eines Vereins angezeigt ist, und dies dem Familiengericht mitzuteilen.

§ 57 Mitteilungspflicht des Jugendamts

Das Jugendamt hat dem Familiengericht unverzüglich den Eintritt einer Vormundschaft mitzuteilen.

§ 58 Gegenvormundschaft des Jugendamts

Für die Tätigkeit des Jugendamts als Gegenvormund gelten die §§ 55 und 56 entsprechend.

§ 58a Sorgeregister; Bescheinigung über Nichtvorliegen von Eintragungen im Sorgeregister

(1) Zum Zwecke der Erteilung der Bescheinigung nach Absatz 2 wird für Kinder nicht miteinander verheirateter Eltern bei dem nach § 87c Absatz 6 Satz 2 zuständigen Jugendamt ein Sorgeregister geführt. In das Sorgeregister erfolgt jeweils eine Eintragung, wenn

1.

   Sorgeerklärungen nach § 1626a Absatz 1 Nummer 1 des Bürgerlichen Gesetzbuchs abgegeben werden oder

2.

   aufgrund einer gerichtlichen Entscheidung die elterliche Sorge den Eltern ganz oder zum Teil gemeinsam übertragen wird.

Das Sorgeregister enthält auch Eintragungen, wenn Sorgeerklärungen nach Artikel 224 § 2 Absatz 3 des Einführungsgesetzes zum Bürgerlichen Gesetzbuche in der bis zum 19. Mai 2013 geltenden Fassung ersetzt wurden.

(2) Liegen keine Eintragungen im Sorgeregister vor, so erhält die mit dem Vater des Kindes nicht verheiratete Mutter auf Antrag hierüber eine Bescheinigung von dem nach § 87c Absatz 6 Satz 1 zuständigen Jugendamt. Die Mutter hat dafür Geburtsdatum und Geburtsort des Kindes oder des Jugendlichen anzugeben sowie den Namen, den das Kind oder der Jugendliche zur Zeit der Beurkundung seiner Geburt geführt hat.

Fünfter Abschnitt
Beurkundung, vollstreckbare Urkunden

-

§ 59 Beurkundung

(1) Die Urkundsperson beim Jugendamt ist befugt,

1.

   die Erklärung, durch die die Vaterschaft anerkannt oder die Anerkennung widerrufen wird, die Zustimmungserklärung der Mutter sowie die etwa erforderliche Zustimmung des Mannes, der im Zeitpunkt der Geburt mit der Mutter verheiratet ist, des Kindes, des Jugendlichen oder eines gesetzlichen Vertreters zu einer solchen Erklärung (Erklärungen über die Anerkennung der Vaterschaft) zu beurkunden,

2.

   die Erklärung, durch die die Mutterschaft anerkannt wird, sowie die etwa erforderliche Zustimmung des gesetzlichen Vertreters der Mutter zu beurkunden (§ 44 Absatz 2 des Personenstandsgesetzes),

3.

   die Verpflichtung zur Erfüllung von Unterhaltsansprüchen eines

Abkömmlings oder seines gesetzlichen Rechtsnachfolgers zu beurkunden, sofern der Abkömmling zum Zeitpunkt der Beurkundung das 21. Lebensjahr noch nicht vollendet hat,

4.

die Verpflichtung zur Erfüllung von Ansprüchen auf Unterhalt (§ 1615l des Bürgerlichen Gesetzbuchs), auch des gesetzlichen Rechtsnachfolgers, zu beurkunden,

5.

die Bereiterklärung der Adoptionsbewerber zur Annahme eines ihnen zur internationalen Adoption vorgeschlagenen Kindes (§ 7 Absatz 1 des Adoptionsübereinkommens-Ausführungsgesetzes) zu beurkunden,

6.

den Widerruf der Einwilligung des Kindes in die Annahme als Kind (§ 1746 Absatz 2 des Bürgerlichen Gesetzbuchs) zu beurkunden,

7.

die Erklärung, durch die der Vater auf die Übertragung der Sorge verzichtet (§ 1747 Absatz 3 Nummer 2 des Bürgerlichen Gesetzbuchs), zu beurkunden,

8.

die Sorgeerklärungen (§ 1626a Absatz 1 Nummer 1 des Bürgerlichen Gesetzbuchs) sowie die etwa erforderliche Zustimmung des gesetzlichen Vertreters eines beschränkt geschäftsfähigen Elternteils (§ 1626c Absatz 2 des Bürgerlichen Gesetzbuchs) zu beurkunden,

9.

eine Erklärung des auf Unterhalt in Anspruch genommenen Elternteils nach § 252 des Gesetzes über das Verfahren in Familiensachen und in den Angelegenheiten der freiwilligen Gerichtsbarkeit aufzunehmen; § 129a der Zivilprozessordnung gilt entsprechend.
Die Zuständigkeit der Notare, anderer Urkundspersonen oder sonstiger Stellen für öffentliche Beurkundungen bleibt unberührt.
(2) Die Urkundsperson soll eine Beurkundung nicht vornehmen, wenn ihr in der betreffenden Angelegenheit die Vertretung eines Beteiligten obliegt.
(3) Das Jugendamt hat geeignete Beamte und Angestellte zur Wahrnehmung der Aufgaben nach Absatz 1 zu ermächtigen. Die Länder können Näheres hinsichtlich der fachlichen Anforderungen an diese Personen regeln.
-

§ 60 Vollstreckbare Urkunden

Aus Urkunden, die eine Verpflichtung nach § 59 Absatz 1 Satz 1 Nummer 3 oder 4 zum Gegenstand haben und die von einem Beamten oder Angestellten des Jugendamts innerhalb der Grenzen seiner Amtsbefugnisse in der vorgeschriebenen Form aufgenommen worden sind, findet die

Zwangsvollstreckung statt, wenn die Erklärung die Zahlung einer bestimmten Geldsumme betrifft und der Schuldner sich in der Urkunde der sofortigen Zwangsvollstreckung unterworfen hat. Die Zustellung kann auch dadurch vollzogen werden, dass der Beamte oder Angestellte dem Schuldner eine beglaubigte Abschrift der Urkunde aushändigt; § 173 Satz 2 und 3 der Zivilprozessordnung gilt entsprechend. Auf die Zwangsvollstreckung sind die Vorschriften, die für die Zwangsvollstreckung aus gerichtlichen Urkunden nach § 794 Absatz 1 Nummer 5 der Zivilprozessordnung gelten, mit folgenden Maßgaben entsprechend anzuwenden:

1.
   Die vollstreckbare Ausfertigung sowie die Bestätigungen nach § 1079 der Zivilprozessordnung werden von den Beamten oder Angestellten des Jugendamts erteilt, denen die Beurkundung der Verpflichtungserklärung übertragen ist. Das Gleiche gilt für die Bezifferung einer Verpflichtungserklärung nach § 790 der Zivilprozessordnung.

2.
   Über Einwendungen, die die Zulässigkeit der Vollstreckungsklausel oder die Zulässigkeit der Bezifferung nach § 790 der Zivilprozessordnung betreffen, über die Erteilung einer weiteren vollstreckbaren Ausfertigung sowie über Anträge nach § 1081 der Zivilprozessordnung entscheidet das für das Jugendamt zuständige Amtsgericht.

Viertes Kapitel
Schutz von Sozialdaten

-

§ 61 Anwendungsbereich

(1) Für den Schutz von Sozialdaten bei ihrer Erhebung und Verwendung in der Jugendhilfe gelten § 35 des Ersten Buches, §§ 67 bis 85a des Zehnten Buches sowie die nachfolgenden Vorschriften. Sie gelten für alle Stellen des Trägers der öffentlichen Jugendhilfe, soweit sie Aufgaben nach diesem Buch wahrnehmen. Für die Wahrnehmung von Aufgaben nach diesem Buch durch kreisangehörige Gemeinden und Gemeindeverbände, die nicht örtliche Träger sind, gelten die Sätze 1 und 2 entsprechend.
(2) Für den Schutz von Sozialdaten bei ihrer Erhebung und Verwendung im Rahmen der Tätigkeit des Jugendamts als Amtspfleger, Amtsvormund, Beistand und Gegenvormund gilt nur § 68.
(3) Werden Einrichtungen und Dienste der Träger der freien Jugendhilfe in Anspruch genommen, so ist sicherzustellen, dass der Schutz der personenbezogenen Daten bei der Erhebung und Verwendung in entsprechender Weise gewährleistet ist.

-

§ 62 Datenerhebung

(1) Sozialdaten dürfen nur erhoben werden, soweit ihre Kenntnis zur Erfüllung der jeweiligen Aufgabe erforderlich ist.

(2) Sozialdaten sind beim Betroffenen zu erheben. Er ist über die Rechtsgrundlage der Erhebung sowie die Zweckbestimmungen der Erhebung und Verwendung aufzuklären, soweit diese nicht offenkundig sind.

(3) Ohne Mitwirkung des Betroffenen dürfen Sozialdaten nur erhoben werden, wenn

1.

    eine gesetzliche Bestimmung dies vorschreibt oder erlaubt oder

2.

    ihre Erhebung beim Betroffenen nicht möglich ist oder die jeweilige Aufgabe ihrer Art nach eine Erhebung bei anderen erfordert, die Kenntnis der Daten aber erforderlich ist für

    a)

        die Feststellung der Voraussetzungen oder für die Erfüllung einer Leistung nach diesem Buch oder

    b)

        die Feststellung der Voraussetzungen für die Erstattung einer Leistung nach § 50 des Zehnten Buches oder

    c)

        die Wahrnehmung einer Aufgabe nach den §§ 42 bis 48a und nach § 52 oder

    d)

        die Erfüllung des Schutzauftrags bei Kindeswohlgefährdung nach § 8a oder

3.

    die Erhebung beim Betroffenen einen unverhältnismäßigen Aufwand erfordern würde und keine Anhaltspunkte dafür bestehen, dass schutzwürdige Interessen des Betroffenen beeinträchtigt werden oder

4.

    die Erhebung bei dem Betroffenen den Zugang zur Hilfe ernsthaft gefährden würde.

(4) Ist der Betroffene nicht zugleich Leistungsberechtigter oder sonst an der Leistung beteiligt, so dürfen die Daten auch beim Leistungsberechtigten oder einer anderen Person, die sonst an der Leistung beteiligt ist, erhoben werden, wenn die Kenntnis der Daten für die Gewährung einer Leistung nach diesem Buch notwendig ist. Satz 1 gilt bei der Erfüllung anderer Aufgaben im Sinne des § 2 Absatz 3 entsprechend.

§ 63 Datenspeicherung

(2) Daten, die zur Erfüllung unterschiedlicher Aufgaben der öffentlichen Jugendhilfe erhoben worden sind, dürfen nur zusammengeführt werden, wenn und solange dies wegen eines unmittelbaren Sachzusammenhangs erforderlich ist. Daten, die zu Leistungszwecken im Sinne des § 2 Absatz 2 und Daten, die für andere Aufgaben im Sinne des § 2 Absatz 3 erhoben worden sind, dürfen nur zusammengeführt werden, soweit dies zur Erfüllung der jeweiligen Aufgabe erforderlich ist.

-

§ 64 Datenübermittlung und -nutzung

(1) Sozialdaten dürfen zu dem Zweck übermittelt oder genutzt werden, zu dem sie erhoben worden sind.

(2) Eine Übermittlung für die Erfüllung von Aufgaben nach § 69 des Zehnten Buches ist abweichend von Absatz 1 nur zulässig, soweit dadurch der Erfolg einer zu gewährenden Leistung nicht in Frage gestellt wird.

(2a) Vor einer Übermittlung an eine Fachkraft, die der verantwortlichen Stelle nicht angehört, sind die Sozialdaten zu anonymisieren oder zu pseudonymisieren, soweit die Aufgabenerfüllung dies zulässt.

(3) Sozialdaten dürfen beim Träger der öffentlichen Jugendhilfe zum Zwecke der Planung im Sinne des § 80 gespeichert oder genutzt werden; sie sind unverzüglich zu anonymisieren.

-

§ 65 Besonderer Vertrauensschutz in der persönlichen und erzieherischen Hilfe

(1) Sozialdaten, die dem Mitarbeiter eines Trägers der öffentlichen Jugendhilfe zum Zwecke persönlicher und erzieherischer Hilfe anvertraut worden sind, dürfen von diesem nur weitergegeben werden

1.

    mit der Einwilligung dessen, der die Daten anvertraut hat, oder

2.

    dem Familiengericht zur Erfüllung der Aufgaben nach § 8a Absatz 2, wenn angesichts einer Gefährdung des Wohls eines Kindes oder eines Jugendlichen ohne diese Mitteilung eine für die Gewährung von Leistungen notwendige gerichtliche Entscheidung nicht ermöglicht werden könnte, oder

3.

dem Mitarbeiter, der auf Grund eines Wechsels der Fallzuständigkeit im Jugendamt oder eines Wechsels der örtlichen Zuständigkeit für die Gewährung oder Erbringung der Leistung verantwortlich ist, wenn Anhaltspunkte für eine Gefährdung des Kindeswohls gegeben sind und die Daten für eine Abschätzung des Gefährdungsrisikos notwendig sind, oder

4.

an die Fachkräfte, die zum Zwecke der Abschätzung des Gefährdungsrisikos nach § 8a hinzugezogen werden; § 64 Absatz 2a bleibt unberührt, oder

5.

unter den Voraussetzungen, unter denen eine der in § 203 Absatz 1 oder 3 des Strafgesetzbuchs genannten Personen dazu befugt wäre.
Gibt der Mitarbeiter anvertraute Sozialdaten weiter, so dürfen sie vom Empfänger nur zu dem Zweck weitergegeben werden, zu dem er diese befugt erhalten hat.
(2) § 35 Absatz 3 des Ersten Buches gilt auch, soweit ein behördeninternes Weitergabeverbot nach Absatz 1 besteht.

-

§ 66 (weggefallen)

-

§ 67 (weggefallen)

-

§ 68 Sozialdaten im Bereich der Beistandschaft, Amtspflegschaft und der Amtsvormundschaft

(1) Der Beamte oder Angestellte, dem die Ausübung der Beistandschaft, Amtspflegschaft oder Amtsvormundschaft übertragen ist, darf Sozialdaten nur erheben und verwenden, soweit dies zur Erfüllung seiner Aufgaben erforderlich ist. Die Nutzung dieser Sozialdaten zum Zwecke der Aufsicht, Kontrolle oder Rechnungsprüfung durch die dafür zuständigen Stellen sowie die Übermittlung an diese ist im Hinblick auf den Einzelfall zulässig.
(2) Für die Löschung und Sperrung der Daten gilt § 84 Absatz 2, 3 und 6 des Zehnten Buches entsprechend.
(3) Wer unter Beistandschaft, Amtspflegschaft oder Amtsvormundschaft gestanden hat, hat nach Vollendung des 18. Lebensjahres ein Recht auf Kenntnis der zu seiner Person gespeicherten Informationen, soweit nicht berechtigte Interessen Dritter entgegenstehen. Vor Vollendung des 18.

Lebensjahres können ihm die gespeicherten Informationen bekannt gegeben werden, soweit er die erforderliche Einsichts- und Urteilsfähigkeit besitzt und keine berechtigten Interessen Dritter entgegenstehen. Nach Beendigung einer Beistandschaft hat darüber hinaus der Elternteil, der die Beistandschaft beantragt hat, einen Anspruch auf Kenntnis der gespeicherten Daten, solange der junge Mensch minderjährig ist und der Elternteil antragsberechtigt ist.

(4) Personen oder Stellen, an die Sozialdaten übermittelt worden sind, dürfen diese nur zu dem Zweck verwenden, zu dem sie ihnen nach Absatz 1 befugt weitergegeben worden sind.

(5) Für die Tätigkeit des Jugendamts als Gegenvormund gelten die Absätze 1 bis 4 entsprechend.

Fünftes Kapitel
Träger der Jugendhilfe, Zusammenarbeit, Gesamtverantwortung

Erster Abschnitt
Träger der öffentlichen Jugendhilfe

-

§ 69 Träger der öffentlichen Jugendhilfe, Jugendämter, Landesjugendämter

(1) Die Träger der öffentlichen Jugendhilfe werden durch Landesrecht bestimmt.

(2) (weggefallen)

(3) Für die Wahrnehmung der Aufgaben nach diesem Buch errichtet jeder örtliche Träger ein Jugendamt, jeder überörtliche Träger ein Landesjugendamt.

(4) Mehrere örtliche Träger und mehrere überörtliche Träger können, auch wenn sie verschiedenen Ländern angehören, zur Durchführung einzelner Aufgaben gemeinsame Einrichtungen und Dienste errichten.

Fußnote

§ 69 Abs. 3 idF d. Bek. v. 14.12.2006 I 3134: Niedersachsen - Abweichung durch § 9 Abs. 2 Gesetz zur Ausführung des Kinder- und Jugendhilfegesetzes (KJHGAG ND) idF d. Art. 12 G v. 15.12.2006, GVBl Nds 2006, 597 mWv 1.1.2007 (vgl. BGBl I 2009, 463)

-

§ 70 Organisation des Jugendamts und des Landesjugendamts

(1) Die Aufgaben des Jugendamts werden durch den Jugendhilfeausschuss und durch die Verwaltung des Jugendamts wahrgenommen.

(2) Die Geschäfte der laufenden Verwaltung im Bereich der öffentlichen Jugendhilfe werden vom Leiter der Verwaltung der Gebietskörperschaft oder in seinem Auftrag vom Leiter der Verwaltung des Jugendamts im Rahmen der Satzung und der Beschlüsse der Vertretungskörperschaft und des Jugendhilfeausschusses geführt.

(3) Die Aufgaben des Landesjugendamts werden durch den Landesjugendhilfeausschuss und durch die Verwaltung des Landesjugendamts im Rahmen der Satzung und der dem Landesjugendamt zur Verfügung gestellten Mittel wahrgenommen. Die Geschäfte der laufenden Verwaltung werden von dem Leiter der Verwaltung des Landesjugendamts im Rahmen der Satzung und der Beschlüsse des Landesjugendhilfeausschusses geführt.

-

§ 71 Jugendhilfeausschuss, Landesjugendhilfeausschuss

(1) Dem Jugendhilfeausschuss gehören als stimmberechtigte Mitglieder an

1.

mit drei Fünfteln des Anteils der Stimmen Mitglieder der Vertretungskörperschaft des Trägers der öffentlichen Jugendhilfe oder von ihr gewählte Frauen und Männer, die in der Jugendhilfe erfahren sind,

2.

mit zwei Fünfteln des Anteils der Stimmen Frauen und Männer, die auf Vorschlag der im Bereich des öffentlichen Trägers wirkenden und anerkannten Träger der freien Jugendhilfe von der Vertretungskörperschaft gewählt werden; Vorschläge der Jugendverbände und der Wohlfahrtsverbände sind angemessen zu berücksichtigen.

(2) Der Jugendhilfeausschuss befasst sich mit allen Angelegenheiten der Jugendhilfe, insbesondere mit

1.

der Erörterung aktueller Problemlagen junger Menschen und ihrer Familien sowie mit Anregungen und Vorschlägen für die Weiterentwicklung der Jugendhilfe,

2.

der Jugendhilfeplanung und

3.

der Förderung der freien Jugendhilfe.

(3) Er hat Beschlussrecht in Angelegenheiten der Jugendhilfe im Rahmen der

von der Vertretungskörperschaft bereitgestellten Mittel, der von ihr erlassenen Satzung und der von ihr gefassten Beschlüsse. Er soll vor jeder Beschlussfassung der Vertretungskörperschaft in Fragen der Jugendhilfe und vor der Berufung eines Leiters des Jugendamts gehört werden und hat das Recht, an die Vertretungskörperschaft Anträge zu stellen. Er tritt nach Bedarf zusammen und ist auf Antrag von mindestens einem Fünftel der Stimmberechtigten einzuberufen. Seine Sitzungen sind öffentlich, soweit nicht das Wohl der Allgemeinheit, berechtigte Interessen einzelner Personen oder schutzbedürftiger Gruppen entgegenstehen.

(4) Dem Landesjugendhilfeausschuss gehören mit zwei Fünfteln des Anteils der Stimmen Frauen und Männer an, die auf Vorschlag der im Bereich des Landesjugendamts wirkenden und anerkannten Träger der freien Jugendhilfe von der obersten Landesjugendbehörde zu berufen sind. Die übrigen Mitglieder werden durch Landesrecht bestimmt. Absatz 2 gilt entsprechend.

(5) Das Nähere regelt das Landesrecht. Es regelt die Zugehörigkeit beratender Mitglieder zum Jugendhilfeausschuss. Es kann bestimmen, dass der Leiter der Verwaltung der Gebietskörperschaft oder der Leiter der Verwaltung des Jugendamts nach Absatz 1 Nummer 1 stimmberechtigt ist.

Fußnote

§ 71 Abs. 3 idF d. Bek. v. 14.12.2006 I 3134: Baden-Württemberg - Abweichung durch § 2 Abs. 1 Kinder- und Jugendhilfegesetz (KJHG BW) v. 19.4.1996 GBl BW 1996, 457 mWv 1.1.2009 (vgl. BGBl I 2009, 744)

-

§ 72 Mitarbeiter, Fortbildung

(1) Die Träger der öffentlichen Jugendhilfe sollen bei den Jugendämtern und Landesjugendämtern hauptberuflich nur Personen beschäftigen, die sich für die jeweilige Aufgabe nach ihrer Persönlichkeit eignen und eine dieser Aufgabe entsprechende Ausbildung erhalten haben (Fachkräfte) oder auf Grund besonderer Erfahrungen in der sozialen Arbeit in der Lage sind, die Aufgabe zu erfüllen. Soweit die jeweilige Aufgabe dies erfordert, sind mit ihrer Wahrnehmung nur Fachkräfte oder Fachkräfte mit entsprechender Zusatzausbildung zu betrauen. Fachkräfte verschiedener Fachrichtungen sollen zusammenwirken, soweit die jeweilige Aufgabe dies erfordert.

(2) Leitende Funktionen des Jugendamts oder des Landesjugendamts sollen in der Regel nur Fachkräften übertragen werden.

(3) Die Träger der öffentlichen Jugendhilfe haben Fortbildung und Praxisberatung der Mitarbeiter des Jugendamts und des Landesjugendamts sicherzustellen.

-

§ 72a Tätigkeitsausschluss einschlägig vorbestrafter Personen

(1) Die Träger der öffentlichen Jugendhilfe dürfen für die Wahrnehmung der Aufgaben in der Kinder- und Jugendhilfe keine Person beschäftigen oder vermitteln, die rechtskräftig wegen einer Straftat nach den §§ 171, 174 bis 174c, 176 bis 180a, 181a, 182 bis 184g, 225, 232 bis 233a, 234, 235 oder 236 des Strafgesetzbuchs verurteilt worden ist. Zu diesem Zweck sollen sie sich bei der Einstellung oder Vermittlung und in regelmäßigen Abständen von den betroffenen Personen ein Führungszeugnis nach § 30 Absatz 5 und § 30a Absatz 1 des Bundeszentralregistergesetzes vorlegen lassen.

(2) Die Träger der öffentlichen Jugendhilfe sollen durch Vereinbarungen mit den Trägern der freien Jugendhilfe sicherstellen, dass diese keine Person, die wegen einer Straftat nach Absatz 1 Satz 1 rechtskräftig verurteilt worden ist, beschäftigen.

(3) Die Träger der öffentlichen Jugendhilfe sollen sicherstellen, dass unter ihrer Verantwortung keine neben- oder ehrenamtlich tätige Person, die wegen einer Straftat nach Absatz 1 Satz 1 rechtskräftig verurteilt worden ist, in Wahrnehmung von Aufgaben der Kinder- und Jugendhilfe Kinder oder Jugendliche beaufsichtigt, betreut, erzieht oder ausbildet oder einen vergleichbaren Kontakt hat. Hierzu sollen die Träger der öffentlichen Jugendhilfe über die Tätigkeiten entscheiden, die von den in Satz 1 genannten Personen auf Grund von Art, Intensität und Dauer des Kontakts dieser Personen mit Kindern und Jugendlichen nur nach Einsichtnahme in das Führungszeugnis nach Absatz 1 Satz 2 wahrgenommen werden dürfen.

(4) Die Träger der öffentlichen Jugendhilfe sollen durch Vereinbarungen mit den Trägern der freien Jugendhilfe sowie mit Vereinen im Sinne des § 54 sicherstellen, dass unter deren Verantwortung keine neben- oder ehrenamtlich tätige Person, die wegen einer Straftat nach Absatz 1 Satz 1 rechtskräftig verurteilt worden ist, in Wahrnehmung von Aufgaben der Kinder- und Jugendhilfe Kinder oder Jugendliche beaufsichtigt, betreut, erzieht oder ausbildet oder einen vergleichbaren Kontakt hat. Hierzu sollen die Träger der öffentlichen Jugendhilfe mit den Trägern der freien Jugendhilfe Vereinbarungen über die Tätigkeiten schließen, die von den in Satz 1 genannten Personen auf Grund von Art, Intensität und Dauer des Kontakts dieser Personen mit Kindern und Jugendlichen nur nach Einsichtnahme in das Führungszeugnis nach Absatz 1 Satz 2 wahrgenommen werden dürfen.

(5) Träger der öffentlichen und freien Jugendhilfe dürfen von den nach den Absätzen 3 und 4 eingesehenen Daten nur den Umstand, dass Einsicht in ein Führungszeugnis genommen wurde, das Datum des Führungszeugnisses und die Information erheben, ob die das Führungszeugnis betreffende Person wegen einer Straftat nach Absatz 1 Satz 1 rechtskräftig verurteilt worden ist. Die Träger der öffentlichen und freien Jugendhilfe dürfen diese erhobenen Daten nur speichern, verändern und nutzen, soweit dies zum Ausschluss der Personen von der Tätigkeit, die Anlass zu der Einsichtnahme in das

Führungszeugnis gewesen ist, erforderlich ist. Die Daten sind vor dem Zugriff Unbefugter zu schützen. Sie sind unverzüglich zu löschen, wenn im Anschluss an die Einsichtnahme keine Tätigkeit nach Absatz 3 Satz 2 oder Absatz 4 Satz 2 wahrgenommen wird. Andernfalls sind die Daten spätestens drei Monate nach der Beendigung einer solchen Tätigkeit zu löschen.

Zweiter Abschnitt
Zusammenarbeit mit der freien Jugendhilfe, ehrenamtliche Tätigkeit

-

§ 73 Ehrenamtliche Tätigkeit

In der Jugendhilfe ehrenamtlich tätige Personen sollen bei ihrer Tätigkeit angeleitet, beraten und unterstützt werden.

-

§ 74 Förderung der freien Jugendhilfe

(1) Die Träger der öffentlichen Jugendhilfe sollen die freiwillige Tätigkeit auf dem Gebiet der Jugendhilfe anregen; sie sollen sie fördern, wenn der jeweilige Träger

1.

die fachlichen Voraussetzungen für die geplante Maßnahme erfüllt und die Beachtung der Grundsätze und Maßstäbe der Qualitätsentwicklung und Qualitätssicherung nach § 79a gewährleistet,

2.

die Gewähr für eine zweckentsprechende und wirtschaftliche Verwendung der Mittel bietet,

3.

gemeinnützige Ziele verfolgt,

4.

eine angemessene Eigenleistung erbringt und

5.

die Gewähr für eine den Zielen des Grundgesetzes förderliche Arbeit bietet.

Eine auf Dauer angelegte Förderung setzt in der Regel die Anerkennung als Träger der freien Jugendhilfe nach § 75 voraus.

(2) Soweit von der freien Jugendhilfe Einrichtungen, Dienste und Veranstaltungen geschaffen werden, um die Gewährung von Leistungen nach diesem Buch zu ermöglichen, kann die Förderung von der Bereitschaft abhängig gemacht werden, diese Einrichtungen, Dienste und Veranstaltungen nach Maßgabe der Jugendhilfeplanung und unter Beachtung der in § 9 genannten Grundsätze anzubieten. § 4 Absatz 1 bleibt unberührt.

(3) Über die Art und Höhe der Förderung entscheidet der Träger der öffentlichen Jugendhilfe im Rahmen der verfügbaren Haushaltsmittel nach pflichtgemäßem Ermessen. Entsprechendes gilt, wenn mehrere Antragsteller die Förderungsvoraussetzungen erfüllen und die von ihnen vorgesehenen Maßnahmen gleich geeignet sind, zur Befriedigung des Bedarfs jedoch nur eine Maßnahme notwendig ist. Bei der Bemessung der Eigenleistung sind die unterschiedliche Finanzkraft und die sonstigen Verhältnisse zu berücksichtigen.

(4) Bei sonst gleich geeigneten Maßnahmen soll solchen der Vorzug gegeben werden, die stärker an den Interessen der Betroffenen orientiert sind und ihre Einflussnahme auf die Ausgestaltung der Maßnahme gewährleisten.

(5) Bei der Förderung gleichartiger Maßnahmen mehrerer Träger sind unter Berücksichtigung ihrer Eigenleistungen gleiche Grundsätze und Maßstäbe anzulegen. Werden gleichartige Maßnahmen von der freien und der öffentlichen Jugendhilfe durchgeführt, so sind bei der Förderung die Grundsätze und Maßstäbe anzuwenden, die für die Finanzierung der Maßnahmen der öffentlichen Jugendhilfe gelten.

(6) Die Förderung von anerkannten Trägern der Jugendhilfe soll auch Mittel für die Fortbildung der haupt-, neben- und ehrenamtlichen Mitarbeiter sowie im Bereich der Jugendarbeit Mittel für die Errichtung und Unterhaltung von Jugendfreizeit- und Jugendbildungsstätten einschließen.

-

§ 74a Finanzierung von Tageseinrichtungen für Kinder

Die Finanzierung von Tageseinrichtungen regelt das Landesrecht. Dabei können alle Träger von Einrichtungen, die die rechtlichen und fachlichen Voraussetzungen für den Betrieb der Einrichtung erfüllen, gefördert werden. Die Erhebung von Teilnahmebeiträgen nach § 90 bleibt unberührt.

-

§ 75 Anerkennung als Träger der freien Jugendhilfe

(1) Als Träger der freien Jugendhilfe können juristische Personen und Personenvereinigungen anerkannt werden, wenn sie

1.

auf dem Gebiet der Jugendhilfe im Sinne des § 1 tätig sind,

2.

gemeinnützige Ziele verfolgen,

3.

auf Grund der fachlichen und personellen Voraussetzungen erwarten lassen, dass sie einen nicht unwesentlichen Beitrag zur Erfüllung der Aufgaben der Jugendhilfe zu leisten imstande sind, und

4.

die Gewähr für eine den Zielen des Grundgesetzes förderliche Arbeit bieten.

(2) Einen Anspruch auf Anerkennung als Träger der freien Jugendhilfe hat unter den Voraussetzungen des Absatzes 1, wer auf dem Gebiet der Jugendhilfe mindestens drei Jahre tätig gewesen ist.

(3) Die Kirchen und Religionsgemeinschaften des öffentlichen Rechts sowie die auf Bundesebene zusammengeschlossenen Verbände der freien Wohlfahrtspflege sind anerkannte Träger der freien Jugendhilfe.

-

§ 76 Beteiligung anerkannter Träger der freien Jugendhilfe an der Wahrnehmung anderer Aufgaben

(1) Die Träger der öffentlichen Jugendhilfe können anerkannte Träger der freien Jugendhilfe an der Durchführung ihrer Aufgaben nach den §§ 42, 42a, 43, 50 bis 52a und 53 Absatz 2 bis 4 beteiligen oder ihnen diese Aufgaben zur Ausführung übertragen.

(2) Die Träger der öffentlichen Jugendhilfe bleiben für die Erfüllung der Aufgaben verantwortlich.

-

§ 77 Vereinbarungen über die Höhe der Kosten

Werden Einrichtungen und Dienste der Träger der freien Jugendhilfe in Anspruch genommen, so sind Vereinbarungen über die Höhe der Kosten der Inanspruchnahme zwischen der öffentlichen und der freien Jugendhilfe anzustreben. Das Nähere regelt das Landesrecht. Die §§ 78a bis 78g bleiben unberührt.

-

§ 78 Arbeitsgemeinschaften

Die Träger der öffentlichen Jugendhilfe sollen die Bildung von Arbeitsgemeinschaften anstreben, in denen neben ihnen die anerkannten Träger der freien Jugendhilfe sowie die Träger geförderter Maßnahmen vertreten sind. In den Arbeitsgemeinschaften soll darauf hingewirkt werden, dass die geplanten Maßnahmen aufeinander abgestimmt werden und sich gegenseitig ergänzen.

Dritter Abschnitt
Vereinbarungen über Leistungsangebote, Entgelte und Qualitätsentwicklung

-

§ 78a Anwendungsbereich

(1) Die Regelungen der §§ 78b bis 78g gelten für die Erbringung von

1.

Leistungen für Betreuung und Unterkunft in einer sozialpädagogisch begleiteten Wohnform (§ 13 Absatz 3),

2.

Leistungen in gemeinsamen Wohnformen für Mütter/Väter und Kinder (§ 19),

3.

Leistungen zur Unterstützung bei notwendiger Unterbringung des Kindes oder Jugendlichen zur Erfüllung der Schulpflicht (§ 21 Satz 2),

4.

Hilfe zur Erziehung

a)

in einer Tagesgruppe (§ 32),

b)

in einem Heim oder einer sonstigen betreuten Wohnform (§ 34) sowie

c)

in intensiver sozialpädagogischer Einzelbetreuung (§ 35), sofern sie außerhalb der eigenen Familie erfolgt,

d)

in sonstiger teilstationärer oder stationärer Form (§ 27),

5.

Eingliederungshilfe für seelisch behinderte Kinder und Jugendliche in

a)

anderen teilstationären Einrichtungen (§ 35a Absatz 2 Nummer 2 Alternative 2),

b)

Einrichtungen über Tag und Nacht sowie sonstigen Wohnformen (§ 35a Absatz 2 Nummer 4),

6.

Hilfe für junge Volljährige (§ 41), sofern diese den in den Nummern 4 und 5 genannten Leistungen entspricht, sowie

7.

Leistungen zum Unterhalt (§ 39), sofern diese im Zusammenhang mit Leistungen nach den Nummern 4 bis 6 gewährt werden; § 39 Absatz 2 Satz 3 bleibt unberührt.

(2) Landesrecht kann bestimmen, dass die §§ 78b bis 78g auch für andere Leistungen nach diesem Buch sowie für vorläufige Maßnahmen zum Schutz von Kindern und Jugendlichen (§ 42) gelten.

-

§ 78b Voraussetzungen für die Übernahme des Leistungsentgelts

(1) Wird die Leistung ganz oder teilweise in einer Einrichtung erbracht, so ist der Träger der öffentlichen Jugendhilfe zur Übernahme des Entgelts gegenüber dem Leistungsberechtigten verpflichtet, wenn mit dem Träger der Einrichtung oder seinem Verband Vereinbarungen über

1.
    Inhalt, Umfang und Qualität der Leistungsangebote (Leistungsvereinbarung),
2.
    differenzierte Entgelte für die Leistungsangebote und die betriebsnotwendigen Investitionen (Entgeltvereinbarung) und
3.
    Grundsätze und Maßstäbe für die Bewertung der Qualität der Leistungsangebote sowie über geeignete Maßnahmen zu ihrer Gewährleistung (Qualitätsentwicklungsvereinbarung)

abgeschlossen worden sind.

(2) Die Vereinbarungen sind mit den Trägern abzuschließen, die unter Berücksichtigung der Grundsätze der Leistungsfähigkeit, Wirtschaftlichkeit und Sparsamkeit zur Erbringung der Leistung geeignet sind. Vereinbarungen über die Erbringung von Hilfe zur Erziehung im Ausland dürfen nur mit solchen Trägern abgeschlossen werden, die

1.
    anerkannte Träger der Jugendhilfe oder Träger einer erlaubnispflichtigen Einrichtung im Inland sind, in der Hilfe zur Erziehung erbracht wird,
2.
    mit der Erbringung solcher Hilfen nur Fachkräfte im Sinne des § 72 Absatz 1 betrauen und
3.
    die Gewähr dafür bieten, dass sie die Rechtsvorschriften des Aufenthaltslandes einhalten und mit den Behörden des Aufenthaltslandes sowie den deutschen Vertretungen im Ausland zusammenarbeiten.

(3) Ist eine der Vereinbarungen nach Absatz 1 nicht abgeschlossen, so ist der Träger der öffentlichen Jugendhilfe zur Übernahme des Leistungsentgelts nur verpflichtet, wenn dies insbesondere nach Maßgabe der Hilfeplanung (§ 36) im Einzelfall geboten ist.

-

§ 78c Inhalt der Leistungs- und Entgeltvereinbarungen

(1) Die Leistungsvereinbarung muss die wesentlichen Leistungsmerkmale, insbesondere

1.

Art, Ziel und Qualität des Leistungsangebots,

2.

den in der Einrichtung zu betreuenden Personenkreis,

3.

die erforderliche sächliche und personelle Ausstattung,

4.

die Qualifikation des Personals sowie

5.

die betriebsnotwendigen Anlagen der Einrichtung

festlegen. In die Vereinbarung ist aufzunehmen, unter welchen Voraussetzungen der Träger der Einrichtung sich zur Erbringung von Leistungen verpflichtet. Der Träger muss gewährleisten, dass die Leistungsangebote zur Erbringung von Leistungen nach § 78a Absatz 1 geeignet sowie ausreichend, zweckmäßig und wirtschaftlich sind.
(2) Die Entgelte müssen leistungsgerecht sein. Grundlage der Entgeltvereinbarung sind die in der Leistungs- und der Qualitätsentwicklungsvereinbarung festgelegten Leistungs- und Qualitätsmerkmale. Eine Erhöhung der Vergütung für Investitionen kann nur dann verlangt werden, wenn der zuständige Träger der öffentlichen Jugendhilfe der Investitionsmaßnahme vorher zugestimmt hat. Förderungen aus öffentlichen Mitteln sind anzurechnen.

-

§ 78d Vereinbarungszeitraum

(1) Die Vereinbarungen nach § 78b Absatz 1 sind für einen zukünftigen Zeitraum (Vereinbarungszeitraum) abzuschlleßen. Nachträgliche Ausgleiche sind nicht zulässig.
(2) Die Vereinbarungen treten zu dem darin bestimmten Zeitpunkt in Kraft. Wird ein Zeitpunkt nicht bestimmt, so werden die Vereinbarungen mit dem Tage ihres Abschlusses wirksam. Eine Vereinbarung, die vor diesen Zeitpunkt zurückwirkt, ist nicht zulässig; dies gilt nicht für Vereinbarungen vor der Schiedsstelle für die Zeit ab Eingang des Antrags bei der Schiedsstelle. Nach Ablauf des Vereinbarungszeitraums gelten die vereinbarten Vergütungen bis zum Inkrafttreten neuer Vereinbarungen weiter.
(3) Bei unvorhersehbaren wesentlichen Veränderungen der Annahmen, die der Entgeltvereinbarung zugrunde lagen, sind die Entgelte auf Verlangen einer Vertragspartei für den laufenden Vereinbarungszeitraum neu zu verhandeln. Die Absätze 1 und 2 gelten entsprechend.
(4) Vereinbarungen über die Erbringung von Leistungen nach § 78a Absatz 1, die vor dem 1. Januar 1999 abgeschlossen worden sind, gelten bis zum Inkrafttreten neuer Vereinbarungen weiter.

§ 78e Örtliche Zuständigkeit für den Abschluss von Vereinbarungen

(1) Soweit Landesrecht nicht etwas anderes bestimmt, ist für den Abschluss von Vereinbarungen nach § 78b Absatz 1 der örtliche Träger der Jugendhilfe zuständig, in dessen Bereich die Einrichtung gelegen ist. Die von diesem Träger abgeschlossenen Vereinbarungen sind für alle örtlichen Träger bindend.

(2) Werden in der Einrichtung Leistungen erbracht, für deren Gewährung überwiegend ein anderer örtlicher Träger zuständig ist, so hat der nach Absatz 1 zuständige Träger diesen Träger zu hören.

(3) Die kommunalen Spitzenverbände auf Landesebene und die Verbände der Träger der freien Jugendhilfe sowie die Vereinigungen sonstiger Leistungserbringer im jeweiligen Land können regionale oder landesweite Kommissionen bilden. Die Kommissionen können im Auftrag der Mitglieder der in Satz 1 genannten Verbände und Vereinigungen Vereinbarungen nach § 78b Absatz 1 schließen. Landesrecht kann die Beteiligung der für die Wahrnehmung der Aufgaben nach § 85 Absatz 2 Nummer 5 und 6 zuständigen Behörde vorsehen.

§ 78f Rahmenverträge

Die kommunalen Spitzenverbände auf Landesebene schließen mit den Verbänden der Träger der freien Jugendhilfe und den Vereinigungen sonstiger Leistungserbringer auf Landesebene Rahmenverträge über den Inhalt der Vereinbarungen nach § 78b Absatz 1. Die für die Wahrnehmung der Aufgaben nach § 85 Absatz 2 Nummer 5 und 6 zuständigen Behörden sind zu beteiligen.

§ 78g Schiedsstelle

(1) In den Ländern sind Schiedsstellen für Streit- und Konfliktfälle einzurichten. Sie sind mit einem unparteiischen Vorsitzenden und mit einer gleichen Zahl von Vertretern der Träger der öffentlichen Jugendhilfe sowie von Vertretern der Träger der Einrichtungen zu besetzen. Der Zeitaufwand der Mitglieder ist zu entschädigen, bare Auslagen sind zu erstatten. Für die Inanspruchnahme der Schiedsstellen können Gebühren erhoben werden.

(2) Kommt eine Vereinbarung nach § 78b Absatz 1 innerhalb von sechs Wochen nicht zustande, nachdem eine Partei schriftlich zu Verhandlungen aufgefordert hat, so entscheidet die Schiedsstelle auf Antrag einer Partei

unverzüglich über die Gegenstände, über die keine Einigung erreicht werden konnte. Gegen die Entscheidung ist der Rechtsweg zu den Verwaltungsgerichten gegeben. Die Klage richtet sich gegen eine der beiden Vertragsparteien, nicht gegen die Schiedsstelle. Einer Nachprüfung der Entscheidung in einem Vorverfahren bedarf es nicht.

(3) Entscheidungen der Schiedsstelle treten zu dem darin bestimmten Zeitpunkt in Kraft. Wird ein Zeitpunkt für das Inkrafttreten nicht bestimmt, so werden die Festsetzungen der Schiedsstelle mit dem Tag wirksam, an dem der Antrag bei der Schiedsstelle eingegangen ist. Die Festsetzung einer Vergütung, die vor diesen Zeitpunkt zurückwirkt, ist nicht zulässig. Im Übrigen gilt § 78d Absatz 2 Satz 4 und Absatz 3 entsprechend.

(4) Die Landesregierungen werden ermächtigt, durch Rechtsverordnung das Nähere zu bestimmen über

1.

    die Errichtung der Schiedsstellen,

2.

    die Zahl, die Bestellung, die Amtsdauer und die Amtsführung ihrer Mitglieder,

3.

    die Erstattung der baren Auslagen und die Entschädigung für ihren Zeitaufwand,

4.

    die Geschäftsführung, das Verfahren, die Erhebung und die Höhe der Gebühren sowie die Verteilung der Kosten und

5.

    die Rechtsaufsicht.

Vierter Abschnitt
Gesamtverantwortung, Jugendhilfeplanung

-

§ 79 Gesamtverantwortung, Grundausstattung

(1) Die Träger der öffentlichen Jugendhilfe haben für die Erfüllung der Aufgaben nach diesem Buch die Gesamtverantwortung einschließlich der Planungsverantwortung.

(2) Die Träger der öffentlichen Jugendhilfe sollen gewährleisten, dass zur Erfüllung der Aufgaben nach diesem Buch

1.

    die erforderlichen und geeigneten Einrichtungen, Dienste und Veranstaltungen den verschiedenen Grundrichtungen der Erziehung entsprechend rechtzeitig und ausreichend zur Verfügung stehen; hierzu

2. zählen insbesondere auch Pfleger, Vormünder und Pflegepersonen;

eine kontinuierliche Qualitätsentwicklung nach Maßgabe von § 79a erfolgt.
Von den für die Jugendhilfe bereitgestellten Mitteln haben sie einen angemessenen Anteil für die Jugendarbeit zu verwenden.
(3) Die Träger der öffentlichen Jugendhilfe haben für eine ausreichende Ausstattung der Jugendämter und der Landesjugendämter zu sorgen; hierzu gehört auch eine dem Bedarf entsprechende Zahl von Fachkräften.
-

§ 79a Qualitätsentwicklung in der Kinder- und Jugendhilfe

Um die Aufgaben der Kinder- und Jugendhilfe nach § 2 zu erfüllen, haben die Träger der öffentlichen Jugendhilfe Grundsätze und Maßstäbe für die Bewertung der Qualität sowie geeignete Maßnahmen zu ihrer Gewährleistung für

1. die Gewährung und Erbringung von Leistungen,

2. die Erfüllung anderer Aufgaben,

3. den Prozess der Gefährdungseinschätzung nach § 8a,

4. die Zusammenarbeit mit anderen Institutionen
weiterzuentwickeln, anzuwenden und regelmäßig zu überprüfen. Dazu zählen auch Qualitätsmerkmale für die Sicherung der Rechte von Kindern und Jugendlichen in Einrichtungen und ihren Schutz vor Gewalt. Die Träger der öffentlichen Jugendhilfe orientieren sich dabei an den fachlichen Empfehlungen der nach § 85 Absatz 2 zuständigen Behörden und an bereits angewandten Grundsätzen und Maßstäben für die Bewertung der Qualität sowie Maßnahmen zu ihrer Gewährleistung.
-

§ 80 Jugendhilfeplanung

(1) Die Träger der öffentlichen Jugendhilfe haben im Rahmen ihrer Planungsverantwortung

1. den Bestand an Einrichtungen und Diensten festzustellen,

2. den Bedarf unter Berücksichtigung der Wünsche, Bedürfnisse und

Interessen der jungen Menschen und der Personensorgeberechtigten für einen mittelfristigen Zeitraum zu ermitteln und

3.

die zur Befriedigung des Bedarfs notwendigen Vorhaben rechtzeitig und ausreichend zu planen; dabei ist Vorsorge zu treffen, dass auch ein unvorhergesehener Bedarf befriedigt werden kann.

(2) Einrichtungen und Dienste sollen so geplant werden, dass insbesondere

1.

Kontakte in der Familie und im sozialen Umfeld erhalten und gepflegt werden können,

2.

ein möglichst wirksames, vielfältiges und aufeinander abgestimmtes Angebot von Jugendhilfeleistungen gewährleistet ist,

3.

junge Menschen und Familien in gefährdeten Lebens- und Wohnbereichen besonders gefördert werden,

4.

Mütter und Väter Aufgaben in der Familie und Erwerbstätigkeit besser miteinander vereinbaren können.

(3) Die Träger der öffentlichen Jugendhilfe haben die anerkannten Träger der freien Jugendhilfe in allen Phasen ihrer Planung frühzeitig zu beteiligen. Zu diesem Zwecke sind sie vom Jugendhilfeausschuss, soweit sie überörtlich tätig sind, im Rahmen der Jugendhilfeplanung des überörtlichen Trägers vom Landesjugendhilfeausschuss zu hören. Das Nähere regelt das Landesrecht.

(4) Die Träger der öffentlichen Jugendhilfe sollen darauf hinwirken, dass die Jugendhilfeplanung und andere örtliche und überörtliche Planungen aufeinander abgestimmt werden und die Planungen insgesamt den Bedürfnissen und Interessen der jungen Menschen und ihrer Familien Rechnung tragen.

-

§ 81 Strukturelle Zusammenarbeit mit anderen Stellen und öffentlichen Einrichtungen

Die Träger der öffentlichen Jugendhilfe haben mit anderen Stellen und öffentlichen Einrichtungen, deren Tätigkeit sich auf die Lebenssituation junger Menschen und ihrer Familien auswirkt, insbesondere mit

1.

den Trägern von Sozialleistungen nach dem Zweiten, Dritten, Vierten, Fünften, Sechsten und dem Zwölften Buch sowie Trägern von Leistungen nach dem Bundesversorgungsgesetz,

2.

den Familien- und Jugendgerichten, den Staatsanwaltschaften sowie den Justizvollzugsbehörden,

3.

Schulen und Stellen der Schulverwaltung,

4.

Einrichtungen und Stellen des öffentlichen Gesundheitsdienstes und sonstigen Einrichtungen und Diensten des Gesundheitswesens,

5.

den Beratungsstellen nach den §§ 3 und 8 des Schwangerschaftskonfliktgesetzes und Suchtberatungsstellen,

6.

Einrichtungen und Diensten zum Schutz gegen Gewalt in engen sozialen Beziehungen,

7.

den Stellen der Bundesagentur für Arbeit,

8.

Einrichtungen und Stellen der beruflichen Aus- und Weiterbildung,

9.

den Polizei- und Ordnungsbehörden,

10.

der Gewerbeaufsicht und

11.

Einrichtungen der Ausbildung für Fachkräfte, der Weiterbildung und der Forschung

im Rahmen ihrer Aufgaben und Befugnisse zusammenzuarbeiten.

Sechstes Kapitel
Zentrale Aufgaben

-

§ 82 Aufgaben der Länder

(1) Die oberste Landesjugendbehörde hat die Tätigkeit der Träger der öffentlichen und der freien Jugendhilfe und die Weiterentwicklung der Jugendhilfe anzuregen und zu fördern.
(2) Die Länder haben auf einen gleichmäßigen Ausbau der Einrichtungen und Angebote hinzuwirken und die Jugendämter und Landesjugendämter bei der Wahrnehmung ihrer Aufgaben zu unterstützen.

-

§ 83 Aufgaben des Bundes, Bundesjugendkuratorium

(1) Die fachlich zuständige oberste Bundesbehörde soll die Tätigkeit der

73

Jugendhilfe anregen und fördern, soweit sie von überregionaler Bedeutung ist und ihrer Art nach nicht durch ein Land allein wirksam gefördert werden kann. Hierzu gehören auch die überregionalen Tätigkeiten der Jugendorganisationen der politischen Parteien auf dem Gebiet der Jugendarbeit.

(2) Die Bundesregierung wird in grundsätzlichen Fragen der Jugendhilfe von einem Sachverständigengremium (Bundesjugendkuratorium) beraten. Das Nähere regelt die Bundesregierung durch Verwaltungsvorschriften.

-

§ 84 Jugendbericht

(1) Die Bundesregierung legt dem Deutschen Bundestag und dem Bundesrat in jeder Legislaturperiode einen Bericht über die Lage junger Menschen und die Bestrebungen und Leistungen der Jugendhilfe vor. Neben der Bestandsaufnahme und Analyse sollen die Berichte Vorschläge zur Weiterentwicklung der Jugendhilfe enthalten; jeder dritte Bericht soll einen Überblick über die Gesamtsituation der Jugendhilfe vermitteln.

(2) Die Bundesregierung beauftragt mit der Ausarbeitung der Berichte jeweils eine Kommission, der mindestens sieben Sachverständige (Jugendberichtskommission) angehören. Die Bundesregierung fügt eine Stellungnahme mit den von ihr für notwendig gehaltenen Folgerungen bei.

Siebtes Kapitel
Zuständigkeit, Kostenerstattung

Erster Abschnitt
Sachliche Zuständigkeit

-

§ 85 Sachliche Zuständigkeit

(1) Für die Gewährung von Leistungen und die Erfüllung anderer Aufgaben nach diesem Buch ist der örtliche Träger sachlich zuständig, soweit nicht der überörtliche Träger sachlich zuständig ist.

(2) Der überörtliche Träger ist sachlich zuständig für

1.

   die Beratung der örtlichen Träger und die Entwicklung von Empfehlungen zur Erfüllung der Aufgaben nach diesem Buch,

2.

   die Förderung der Zusammenarbeit zwischen den örtlichen Trägern und den anerkannten Trägern der freien Jugendhilfe, insbesondere bei der

Planung und Sicherstellung eines bedarfsgerechten Angebots an Hilfen zur Erziehung, Eingliederungshilfen für seelisch behinderte Kinder und Jugendliche und Hilfen für junge Volljährige,

3.

die Anregung und Förderung von Einrichtungen, Diensten und Veranstaltungen sowie deren Schaffung und Betrieb, soweit sie den örtlichen Bedarf übersteigen; dazu gehören insbesondere Einrichtungen, die eine Schul- oder Berufsausbildung anbieten, sowie Jugendbildungsstätten,

4.

die Planung, Anregung, Förderung und Durchführung von Modellvorhaben zur Weiterentwicklung der Jugendhilfe,

5.

die Beratung der örtlichen Träger bei der Gewährung von Hilfe nach den §§ 32 bis 35a, insbesondere bei der Auswahl einer Einrichtung oder der Vermittlung einer Pflegeperson in schwierigen Einzelfällen,

6.

die Wahrnehmung der Aufgaben zum Schutz von Kindern und Jugendlichen in Einrichtungen (§§ 45 bis 48a),

7.

die Beratung der Träger von Einrichtungen während der Planung und Betriebsführung,

8.

die Fortbildung von Mitarbeitern in der Jugendhilfe,

9.

die Gewährung von Leistungen an Deutsche im Ausland (§ 6 Absatz 3), soweit es sich nicht um die Fortsetzung einer bereits im Inland gewährten Leistung handelt,

10.

die Erteilung der Erlaubnis zur Übernahme von Pflegschaften oder Vormundschaften durch einen rechtsfähigen Verein (§ 54).

(3) Für den örtlichen Bereich können die Aufgaben nach Absatz 2 Nummer 3, 4, 7 und 8 auch vom örtlichen Träger wahrgenommen werden.

(4) Unberührt bleiben die am Tage des Inkrafttretens dieses Gesetzes geltenden landesrechtlichen Regelungen, die die in den §§ 45 bis 48a bestimmten Aufgaben einschließlich der damit verbundenen Aufgaben nach Absatz 2 Nummer 2 bis 5 und 7 mittleren Landesbehörden oder, soweit sie sich auf Kindergärten und andere Tageseinrichtungen für Kinder beziehen, unteren Landesbehörden zuweisen.

(5) Ist das Land überörtlicher Träger, so können durch Landesrecht bis zum 30. Juni 1993 einzelne seiner Aufgaben auf andere Körperschaften des öffentlichen Rechts, die nicht Träger der öffentlichen Jugendhilfe sind, übertragen werden.

Fußnote

§ 85 Abs. 1 idF d. Bek. v. 11.9.2012 I 2022: Bayern - Abweichung durch Art. 24 Abs. 2 Satz 1 Gesetz zur Ausführung der Sozialgesetze (AGSG) v. 8.12.2006 (GVBl S. 942, BayRS 86-7-A) idF d. G v. 24.6.2013 (GVBl S. 385) mWv 16.7.2013 (vgl. BGBl. I 2014, 47)

Zweiter Abschnitt
Örtliche Zuständigkeit

Erster Unterabschnitt
Örtliche Zuständigkeit für Leistungen

-

§ 86 Örtliche Zuständigkeit für Leistungen an Kinder, Jugendliche und ihre Eltern

(1) Für die Gewährung von Leistungen nach diesem Buch ist der örtliche Träger zuständig, in dessen Bereich die Eltern ihren gewöhnlichen Aufenthalt haben. An die Stelle der Eltern tritt die Mutter, wenn und solange die Vaterschaft nicht anerkannt oder gerichtlich festgestellt ist. Lebt nur ein Elternteil, so ist dessen gewöhnlicher Aufenthalt maßgebend.

(2) Haben die Elternteile verschiedene gewöhnliche Aufenthalte, so ist der örtliche Träger zuständig, in dessen Bereich der personensorgeberechtigte Elternteil seinen gewöhnlichen Aufenthalt hat; dies gilt auch dann, wenn ihm einzelne Angelegenheiten der Personensorge entzogen sind. Steht die Personensorge im Fall des Satzes 1 den Eltern gemeinsam zu, so richtet sich die Zuständigkeit nach dem gewöhnlichen Aufenthalt des Elternteils, bei dem das Kind oder der Jugendliche vor Beginn der Leistung zuletzt seinen gewöhnlichen Aufenthalt hatte. Hatte das Kind oder der Jugendliche im Fall des Satzes 2 zuletzt bei beiden Elternteilen seinen gewöhnlichen Aufenthalt, so richtet sich die Zuständigkeit nach dem gewöhnlichen Aufenthalt des Elternteils, bei dem das Kind oder der Jugendliche vor Beginn der Leistung zuletzt seinen tatsächlichen Aufenthalt hatte. Hatte das Kind oder der Jugendliche im Fall des Satzes 2 während der letzten sechs Monate vor Beginn der Leistung bei keinem Elternteil einen gewöhnlichen Aufenthalt, so ist der örtliche Träger zuständig, in dessen Bereich das Kind oder der Jugendliche vor Beginn der Leistung zuletzt seinen gewöhnlichen Aufenthalt hatte; hatte das Kind oder der Jugendliche während der letzten sechs Monate keinen gewöhnlichen Aufenthalt, so richtet sich die Zuständigkeit nach dem tatsächlichen Aufenthalt des Kindes oder des Jugendlichen vor Beginn der Leistung.

(3) Haben die Elternteile verschiedene gewöhnliche Aufenthalte und steht die

Personensorge keinem Elternteil zu, so gilt Absatz 2 Satz 2 und 4 entsprechend.

(4) Haben die Eltern oder der nach den Absätzen 1 bis 3 maßgebliche Elternteil im Inland keinen gewöhnlichen Aufenthalt, oder ist ein gewöhnlicher Aufenthalt nicht feststellbar, oder sind sie verstorben, so richtet sich die Zuständigkeit nach dem gewöhnlichen Aufenthalt des Kindes oder des Jugendlichen vor Beginn der Leistung. Hatte das Kind oder der Jugendliche während der letzten sechs Monate vor Beginn der Leistung keinen gewöhnlichen Aufenthalt, so ist der örtliche Träger zuständig, in dessen Bereich sich das Kind oder der Jugendliche vor Beginn der Leistung tatsächlich aufhält.

(5) Begründen die Elternteile nach Beginn der Leistung verschiedene gewöhnliche Aufenthalte, so wird der örtliche Träger zuständig, in dessen Bereich der personensorgeberechtigte Elternteil seinen gewöhnlichen Aufenthalt hat; dies gilt auch dann, wenn ihm einzelne Angelegenheiten der Personensorge entzogen sind. Solange in diesen Fällen die Personensorge beiden Elternteilen gemeinsam oder keinem Elternteil zusteht, bleibt die bisherige Zuständigkeit bestehen. Absatz 4 gilt entsprechend.

(6) Lebt ein Kind oder ein Jugendlicher zwei Jahre bei einer Pflegeperson und ist sein Verbleib bei dieser Pflegeperson auf Dauer zu erwarten, so ist oder wird abweichend von den Absätzen 1 bis 5 der örtliche Träger zuständig, in dessen Bereich die Pflegeperson ihren gewöhnlichen Aufenthalt hat. Er hat die Eltern und, falls den Eltern die Personensorge nicht oder nur teilweise zusteht, den Personensorgeberechtigten über den Wechsel der Zuständigkeit zu unterrichten. Endet der Aufenthalt bei der Pflegeperson, so endet die Zuständigkeit nach Satz 1.

(7) Für Leistungen an Kinder oder Jugendliche, die um Asyl nachsuchen oder einen Asylantrag gestellt haben, ist der örtliche Träger zuständig, in dessen Bereich sich die Person vor Beginn der Leistung tatsächlich aufhält; geht der Leistungsgewährung eine Inobhutnahme voraus, so bleibt die nach § 87 begründete Zuständigkeit bestehen. Unterliegt die Person einem Verteilungsverfahren, so richtet sich die örtliche Zuständigkeit nach der Zuweisungsentscheidung der zuständigen Landesbehörde; bis zur Zuweisungsentscheidung gilt Satz 1 entsprechend. Die nach Satz 1 oder 2 begründete örtliche Zuständigkeit bleibt auch nach Abschluss des Asylverfahrens so lange bestehen, bis die für die Bestimmung der örtlichen Zuständigkeit maßgebliche Person einen gewöhnlichen Aufenthalt im Bereich eines anderen Trägers der öffentlichen Jugendhilfe begründet. Eine Unterbrechung der Leistung von bis zu drei Monaten bleibt außer Betracht.

-

§ 86a Örtliche Zuständigkeit für Leistungen an junge Volljährige

(1) Für Leistungen an junge Volljährige ist der örtliche Träger zuständig, in dessen Bereich der junge Volljährige vor Beginn der Leistung seinen gewöhnlichen Aufenthalt hat.

(2) Hält sich der junge Volljährige in einer Einrichtung oder sonstigen Wohnform auf, die der Erziehung, Pflege, Betreuung, Behandlung oder dem Strafvollzug dient, so richtet sich die örtliche Zuständigkeit nach dem gewöhnlichen Aufenthalt vor der Aufnahme in eine Einrichtung oder sonstige Wohnform.

(3) Hat der junge Volljährige keinen gewöhnlichen Aufenthalt, so richtet sich die Zuständigkeit nach seinem tatsächlichen Aufenthalt zu dem in Absatz 1 genannten Zeitpunkt; Absatz 2 bleibt unberührt.

(4) Wird eine Leistung nach § 13 Absatz 3 oder nach § 21 über die Vollendung des 18. Lebensjahres hinaus weitergeführt oder geht der Hilfe für junge Volljährige nach § 41 eine dieser Leistungen, eine Leistung nach § 19 oder eine Hilfe nach den §§ 27 bis 35a voraus, so bleibt der örtliche Träger zuständig, der bis zu diesem Zeitpunkt zuständig war. Eine Unterbrechung der Hilfeleistung von bis zu drei Monaten bleibt dabei außer Betracht. Die Sätze 1 und 2 gelten entsprechend, wenn eine Hilfe für junge Volljährige nach § 41 beendet war und innerhalb von drei Monaten erneut Hilfe für junge Volljährige nach § 41 erforderlich wird.

-

§ 86b Örtliche Zuständigkeit für Leistungen in gemeinsamen Wohnformen für Mütter/Väter und Kinder

(1) Für Leistungen in gemeinsamen Wohnformen für Mütter oder Väter und Kinder ist der örtliche Träger zuständig, in dessen Bereich der nach § 19 Leistungsberechtigte vor Beginn der Leistung seinen gewöhnlichen Aufenthalt hat. § 86a Absatz 2 gilt entsprechend.

(2) Hat der Leistungsberechtigte keinen gewöhnlichen Aufenthalt, so richtet sich die Zuständigkeit nach seinem tatsächlichen Aufenthalt zu dem in Absatz 1 genannten Zeitpunkt.

(3) Geht der Leistung Hilfe nach den §§ 27 bis 35a oder eine Leistung nach § 13 Absatz 3, § 21 oder § 41 voraus, so bleibt der örtliche Träger zuständig, der bisher zuständig war. Eine Unterbrechung der Hilfeleistung von bis zu drei Monaten bleibt dabei außer Betracht.

-

§ 86c Fortdauernde Leistungsverpflichtung und Fallübergabe bei Zuständigkeitswechsel

(1) Wechselt die örtliche Zuständigkeit für eine Leistung, so bleibt der bisher

zuständige örtliche Träger so lange zur Gewährung der Leistung verpflichtet, bis der nunmehr zuständige örtliche Träger die Leistung fortsetzt. Dieser hat dafür Sorge zu tragen, dass der Hilfeprozess und die im Rahmen der Hilfeplanung vereinbarten Hilfeziele durch den Zuständigkeitswechsel nicht gefährdet werden.

(2) Der örtliche Träger, der von den Umständen Kenntnis erhält, die den Wechsel der Zuständigkeit begründen, hat den anderen davon unverzüglich zu unterrichten. Der bisher zuständige örtliche Träger hat dem nunmehr zuständigen örtlichen Träger unverzüglich die für die Hilfegewährung sowie den Zuständigkeitswechsel maßgeblichen Sozialdaten zu übermitteln. Bei der Fortsetzung von Leistungen, die der Hilfeplanung nach § 36 Absatz 2 unterliegen, ist die Fallverantwortung im Rahmen eines Gespräches zu übergeben. Die Personensorgeberechtigten und das Kind oder der Jugendliche sowie der junge Volljährige oder der Leistungsberechtigte nach § 19 sind an der Übergabe angemessen zu beteiligen.

-

§ 86d Verpflichtung zum vorläufigen Tätigwerden

Steht die örtliche Zuständigkeit nicht fest oder wird der zuständige örtliche Träger nicht tätig, so ist der örtliche Träger vorläufig zum Tätigwerden verpflichtet, in dessen Bereich sich das Kind oder der Jugendliche, der junge Volljährige oder bei Leistungen nach § 19 der Leistungsberechtigte vor Beginn der Leistung tatsächlich aufhält.

Zweiter Unterabschnitt
Örtliche Zuständigkeit für andere Aufgaben

-

§ 87 Örtliche Zuständigkeit für vorläufige Maßnahmen zum Schutz von Kindern und Jugendlichen

Für die Inobhutnahme eines Kindes oder eines Jugendlichen (§ 42) ist der örtliche Träger zuständig, in dessen Bereich sich das Kind oder der Jugendliche vor Beginn der Maßnahme tatsächlich aufhält. Die örtliche Zuständigkeit für die Inobhutnahme eines unbegleiteten ausländischen Kindes oder Jugendlichen richtet sich nach § 88a Absatz 2.

-

§ 87a Örtliche Zuständigkeit für Erlaubnis, Meldepflichten und Untersagung

(1) Für die Erteilung der Pflegeerlaubnis sowie deren Rücknahme oder Widerruf (§§ 43, 44) ist der örtliche Träger zuständig, in dessen Bereich die

Pflegeperson ihren gewöhnlichen Aufenthalt hat.

(2) Für die Erteilung der Erlaubnis zum Betrieb einer Einrichtung oder einer selbständigen sonstigen Wohnform sowie für die Rücknahme oder den Widerruf dieser Erlaubnis (§ 45 Absatz 1 und 2, § 48a), die örtliche Prüfung (§§ 46, 48a), die Entgegennahme von Meldungen (§ 47 Absatz 1 und 2, § 48a) und die Ausnahme von der Meldepflicht (§ 47 Absatz 3, § 48a) sowie die Untersagung der weiteren Beschäftigung des Leiters oder eines Mitarbeiters (§§ 48, 48a) ist der überörtliche Träger oder die nach Landesrecht bestimmte Behörde zuständig, in dessen oder deren Bereich die Einrichtung oder die sonstige Wohnform gelegen ist.

(3) Für die Mitwirkung an der örtlichen Prüfung (§§ 46, 48a) ist der örtliche Träger zuständig, in dessen Bereich die Einrichtung oder die selbständige sonstige Wohnform gelegen ist.

-

§ 87b Örtliche Zuständigkeit für die Mitwirkung in gerichtlichen Verfahren

(1) Für die Zuständigkeit des Jugendamts zur Mitwirkung in gerichtlichen Verfahren (§§ 50 bis 52) gilt § 86 Absatz 1 bis 4 entsprechend. Für die Mitwirkung im Verfahren nach dem Jugendgerichtsgesetz gegen einen jungen Menschen, der zu Beginn des Verfahrens das 18. Lebensjahr vollendet hat, gilt § 86a Absatz 1 und 3 entsprechend.

(2) Die nach Absatz 1 begründete Zuständigkeit bleibt bis zum Abschluss des Verfahrens bestehen. Hat ein Jugendlicher oder ein junger Volljähriger in einem Verfahren nach dem Jugendgerichtsgesetz die letzten sechs Monate vor Abschluss des Verfahrens in einer Justizvollzugsanstalt verbracht, so dauert die Zuständigkeit auch nach der Entlassung aus der Anstalt so lange fort, bis der Jugendliche oder junge Volljährige einen neuen gewöhnlichen Aufenthalt begründet hat, längstens aber bis zum Ablauf von sechs Monaten nach dem Entlassungszeitpunkt.

(3) Steht die örtliche Zuständigkeit nicht fest oder wird der zuständige örtliche Träger nicht tätig, so gilt § 86d entsprechend.

-

§ 87c Örtliche Zuständigkeit für die Beistandschaft, die Amtspflegschaft, die Amtsvormundschaft und die Bescheinigung nach § 58a

(1) Für die Vormundschaft nach § 1791c des Bürgerlichen Gesetzbuchs ist das Jugendamt zuständig, in dessen Bereich die Mutter ihren gewöhnlichen Aufenthalt hat. Wurde die Vaterschaft nach § 1592 Nummer 1 oder 2 des Bürgerlichen Gesetzbuchs durch Anfechtung beseitigt, so ist der gewöhnliche Aufenthalt der Mutter zu dem Zeitpunkt maßgeblich, zu dem die Entscheidung rechtskräftig wird. Ist ein gewöhnlicher Aufenthalt der Mutter

nicht festzustellen, so richtet sich die örtliche Zuständigkeit nach ihrem tatsächlichen Aufenthalt.

(2) Sobald die Mutter ihren gewöhnlichen Aufenthalt im Bereich eines anderen Jugendamts nimmt, hat das die Amtsvormundschaft führende Jugendamt bei dem Jugendamt des anderen Bereichs die Weiterführung der Amtsvormundschaft zu beantragen; der Antrag kann auch von dem anderen Jugendamt, von jedem Elternteil und von jedem, der ein berechtigtes Interesse des Kindes oder des Jugendlichen geltend macht, bei dem die Amtsvormundschaft führenden Jugendamt gestellt werden. Die Vormundschaft geht mit der Erklärung des anderen Jugendamts auf dieses über. Das abgebende Jugendamt hat den Übergang dem Familiengericht und jedem Elternteil unverzüglich mitzuteilen. Gegen die Ablehnung des Antrags kann das Familiengericht angerufen werden.

(3) Für die Pflegschaft oder Vormundschaft, die durch Bestellung des Familiengerichts eintritt, ist das Jugendamt zuständig, in dessen Bereich das Kind oder der Jugendliche seinen gewöhnlichen Aufenthalt hat. Hat das Kind oder der Jugendliche keinen gewöhnlichen Aufenthalt, so richtet sich die Zuständigkeit nach seinem tatsächlichen Aufenthalt zum Zeitpunkt der Bestellung. Sobald das Kind oder der Jugendliche seinen gewöhnlichen Aufenthalt wechselt oder im Fall des Satzes 2 das Wohl des Kindes oder Jugendlichen es erfordert, hat das Jugendamt beim Familiengericht einen Antrag auf Entlassung zu stellen. Die Sätze 1 bis 3 gelten für die Gegenvormundschaft des Jugendamts entsprechend.

(4) Für die Vormundschaft, die im Rahmen des Verfahrens zur Annahme als Kind eintritt, ist das Jugendamt zuständig, in dessen Bereich die annehmende Person ihren gewöhnlichen Aufenthalt hat.

(5) Für die Beratung und Unterstützung nach § 52a sowie für die Beistandschaft gilt Absatz 1 Satz 1 und 3 entsprechend. Sobald der allein sorgeberechtigte Elternteil seinen gewöhnlichen Aufenthalt im Bereich eines anderen Jugendamts nimmt, hat das die Beistandschaft führende Jugendamt bei dem Jugendamt des anderen Bereichs die Weiterführung der Beistandschaft zu beantragen; Absatz 2 Satz 2 und § 86c gelten entsprechend.

(6) Für die Erteilung der Bescheinigung nach § 58a Absatz 2 gilt Absatz 1 entsprechend. Die Mitteilungen nach § 1626d Absatz 2 des Bürgerlichen Gesetzbuchs, die Mitteilungen nach § 155a Absatz 3 Satz 3 und Absatz 5 Satz 2 des Gesetzes über das Verfahren in Familiensachen und in den Angelegenheiten der freiwilligen Gerichtsbarkeit sowie die Mitteilungen nach § 50 Absatz 3 sind an das für den Geburtsort des Kindes oder des Jugendlichen zuständige Jugendamt zu richten; § 88 Absatz 1 Satz 2 gilt entsprechend. Das nach Satz 2 zuständige Jugendamt teilt auf Ersuchen dem nach Satz 1 zuständigen Jugendamt mit, ob Eintragungen im Sorgeregister vorliegen.

§ 87d Örtliche Zuständigkeit für weitere Aufgaben im Vormundschaftswesen

(1) Für die Wahrnehmung der Aufgaben nach § 53 ist der örtliche Träger zuständig, in dessen Bereich der Pfleger oder Vormund seinen gewöhnlichen Aufenthalt hat.

(2) Für die Erteilung der Erlaubnis zur Übernahme von Pflegschaften oder Vormundschaften durch einen rechtsfähigen Verein (§ 54) ist der überörtliche Träger zuständig, in dessen Bereich der Verein seinen Sitz hat.

§ 87e Örtliche Zuständigkeit für Beurkundung und Beglaubigung

Für Beurkundungen und Beglaubigungen nach § 59 ist die Urkundsperson bei jedem Jugendamt zuständig.

Dritter Unterabschnitt
Örtliche Zuständigkeit bei Aufenthalt im Ausland

§ 88 Örtliche Zuständigkeit bei Aufenthalt im Ausland

(1) Für die Gewährung von Leistungen der Jugendhilfe im Ausland ist der überörtliche Träger zuständig, in dessen Bereich der junge Mensch geboren ist. Liegt der Geburtsort im Ausland oder ist er nicht zu ermitteln, so ist das Land Berlin zuständig.

(2) Wurden bereits vor der Ausreise Leistungen der Jugendhilfe gewährt, so bleibt der örtliche Träger zuständig, der bisher tätig geworden ist; eine Unterbrechung der Hilfeleistung von bis zu drei Monaten bleibt dabei außer Betracht.

Vierter Unterabschnitt
Örtliche Zuständigkeit für vorläufige Maßnahmen, Leistungen und die Amtsvormundschaft für unbegleitete ausländische Kinder und Jugendliche

§ 88a Örtliche Zuständigkeit für vorläufige Maßnahmen, Leistungen und die Amtsvormundschaft für unbegleitete ausländische Kinder und Jugendliche

(1) Für die vorläufige Inobhutnahme eines unbegleiteten ausländischen Kindes oder Jugendlichen (§ 42a) ist der örtliche Träger zuständig, in dessen Bereich sich das Kind oder der Jugendliche vor Beginn der Maßnahme

tatsächlich aufhält, soweit Landesrecht nichts anderes regelt.
(2) Die örtliche Zuständigkeit für die Inobhutnahme eines unbegleiteten ausländischen Kindes oder Jugendlichen (§ 42) richtet sich nach der Zuweisungsentscheidung gemäß § 42b Absatz 3 Satz 1 der nach Landesrecht für die Verteilung von unbegleiteten ausländischen Kindern oder Jugendlichen zuständigen Stelle. Ist die Verteilung nach § 42b Absatz 4 ausgeschlossen, so bleibt die nach Absatz 1 begründete Zuständigkeit bestehen. Ein anderer Träger kann aus Gründen des Kindeswohls oder aus sonstigen humanitären Gründen von vergleichbarem Gewicht die örtliche Zuständigkeit von dem zuständigen Träger übernehmen.
(3) Für Leistungen an unbegleitete ausländische Kinder oder Jugendliche ist der örtliche Träger zuständig, in dessen Bereich sich die Person vor Beginn der Leistung tatsächlich aufhält. Geht der Leistungsgewährung eine Inobhutnahme voraus, so bleibt die nach Absatz 2 begründete Zuständigkeit bestehen, soweit Landesrecht nichts anderes regelt.
(4) Die örtliche Zuständigkeit für die Vormundschaft oder Pflegschaft, die für unbegleitete ausländische Kinder oder Jugendliche durch Bestellung des Familiengerichts eintritt, richtet sich während

1.
    der vorläufigen Inobhutnahme (§ 42a) nach Absatz 1,

2.
    der Inobhutnahme (§ 42) nach Absatz 2 und

3.
    der Leistungsgewährung nach Absatz 3.

Dritter Abschnitt
Kostenerstattung

-

§ 89 Kostenerstattung bei fehlendem gewöhnlichen Aufenthalt

Ist für die örtliche Zuständigkeit nach den §§ 86, 86a oder 86b der tatsächliche Aufenthalt maßgeblich, so sind die Kosten, die ein örtlicher Träger aufgewendet hat, von dem überörtlichen Träger zu erstatten, zu dessen Bereich der örtliche Träger gehört.

-

§ 89a Kostenerstattung bei fortdauernder Vollzeitpflege

(1) Kosten, die ein örtlicher Träger auf Grund einer Zuständigkeit nach § 86 Absatz 6 aufgewendet hat, sind von dem örtlichen Träger zu erstatten, der zuvor zuständig war oder gewesen wäre. Die Kostenerstattungspflicht bleibt bestehen, wenn die Pflegeperson ihren gewöhnlichen Aufenthalt ändert oder

wenn die Leistung über die Volljährigkeit hinaus nach § 41 fortgesetzt wird.
(2) Hat oder hätte der nach Absatz 1 kostenerstattungspflichtig werdende örtliche Träger während der Gewährung einer Leistung selbst einen Kostenerstattungsanspruch gegen einen anderen örtlichen oder den überörtlichen Träger, so bleibt oder wird abweichend von Absatz 1 dieser Träger dem nunmehr nach § 86 Absatz 6 zuständig gewordenen örtlichen Träger kostenerstattungspflichtig.
(3) Ändert sich während der Gewährung der Leistung nach Absatz 1 der für die örtliche Zuständigkeit nach § 86 Absatz 1 bis 5 maßgebliche gewöhnliche Aufenthalt, so wird der örtliche Träger kostenerstattungspflichtig, der ohne Anwendung des § 86 Absatz 6 örtlich zuständig geworden wäre.

-

§ 89b Kostenerstattung bei vorläufigen Maßnahmen zum Schutz von Kindern und Jugendlichen

(1) Kosten, die ein örtlicher Träger im Rahmen der Inobhutnahme von Kindern und Jugendlichen (§ 42) aufgewendet hat, sind von dem örtlichen Träger zu erstatten, dessen Zuständigkeit durch den gewöhnlichen Aufenthalt nach § 86 begründet wird.
(2) Ist ein kostenerstattungspflichtiger örtlicher Träger nicht vorhanden, so sind die Kosten von dem überörtlichen Träger zu erstatten, zu dessen Bereich der örtliche Träger gehört.
(3) Eine nach Absatz 1 oder 2 begründete Pflicht zur Kostenerstattung bleibt bestehen, wenn und solange nach der Inobhutnahme Leistungen auf Grund einer Zuständigkeit nach § 86 Absatz 7 Satz 1 Halbsatz 2 gewährt werden.

-

§ 89c Kostenerstattung bei fortdauernder oder vorläufiger Leistungsverpflichtung

(1) Kosten, die ein örtlicher Träger im Rahmen seiner Verpflichtung nach § 86c aufgewendet hat, sind von dem örtlichen Träger zu erstatten, der nach dem Wechsel der örtlichen Zuständigkeit zuständig geworden ist. Kosten, die ein örtlicher Träger im Rahmen seiner Verpflichtung nach § 86d aufgewendet hat, sind von dem örtlichen Träger zu erstatten, dessen Zuständigkeit durch den gewöhnlichen Aufenthalt nach §§ 86, 86a und 86b begründet wird.
(2) Hat der örtliche Träger die Kosten deshalb aufgewendet, weil der zuständige örtliche Träger pflichtwidrig gehandelt hat, so hat dieser zusätzlich einen Betrag in Höhe eines Drittels der Kosten, mindestens jedoch 50 Euro, zu erstatten.
(3) Ist ein kostenerstattungspflichtiger örtlicher Träger nicht vorhanden, so sind die Kosten vom überörtlichen Träger zu erstatten, zu dessen Bereich der

örtliche Träger gehört, der nach Absatz 1 tätig geworden ist.

-

§ 89d Kostenerstattung bei Gewährung von Jugendhilfe nach der Einreise

(1) Kosten, die ein örtlicher Träger aufwendet, sind vom Land zu erstatten, wenn

1.

innerhalb eines Monats nach der Einreise eines jungen Menschen oder eines Leistungsberechtigten nach § 19 Jugendhilfe gewährt wird und

2.

sich die örtliche Zuständigkeit nach dem tatsächlichen Aufenthalt dieser Person oder nach der Zuweisungsentscheidung der zuständigen Landesbehörde richtet.

Als Tag der Einreise gilt der Tag des Grenzübertritts, sofern dieser amtlich festgestellt wurde, oder der Tag, an dem der Aufenthalt im Inland erstmals festgestellt wurde, andernfalls der Tag der ersten Vorsprache bei einem Jugendamt. Die Erstattungspflicht nach Satz 1 bleibt unberührt, wenn die Person um Asyl nachsucht oder einen Asylantrag stellt.

(2) Ist die Person im Inland geboren, so ist das Land erstattungspflichtig, in dessen Bereich die Person geboren ist.

(3) Ist die Person im Ausland geboren, so wird das erstattungspflichtige Land auf der Grundlage eines Belastungsvergleichs vom Bundesverwaltungsamt bestimmt. Maßgeblich ist die Belastung, die sich durch die Erstattung von Kosten nach dieser Vorschrift ergeben hat.

(4) Die Verpflichtung zur Erstattung der aufgewendeten Kosten entfällt, wenn inzwischen für einen zusammenhängenden Zeitraum von drei Monaten Jugendhilfe nicht zu gewähren war.

(5) Kostenerstattungsansprüche nach den Absätzen 1 bis 3 gehen Ansprüchen nach den §§ 89 bis 89c und § 89e vor.

-

§ 89e Schutz der Einrichtungsorte

(1) Richtet sich die Zuständigkeit nach dem gewöhnlichen Aufenthalt der Eltern, eines Elternteils, des Kindes oder des Jugendlichen und ist dieser in einer Einrichtung, einer anderen Familie oder sonstigen Wohnform begründet worden, die der Erziehung, Pflege, Betreuung, Behandlung oder dem Strafvollzug dient, so ist der örtliche Träger zur Erstattung der Kosten verpflichtet, in dessen Bereich die Person vor der Aufnahme in eine Einrichtung, eine andere Familie oder sonstige Wohnform den gewöhnlichen Aufenthalt hatte. Eine nach Satz 1 begründete Erstattungspflicht bleibt bestehen, wenn und solange sich die örtliche Zuständigkeit nach § 86a

Absatz 4 und § 86b Absatz 3 richtet.

(2) Ist ein kostenerstattungspflichtiger örtlicher Träger nicht vorhanden, so sind die Kosten von dem überörtlichen Träger zu erstatten, zu dessen Bereich der erstattungsberechtigte örtliche Träger gehört.

-

§ 89f Umfang der Kostenerstattung

(1) Die aufgewendeten Kosten sind zu erstatten, soweit die Erfüllung der Aufgaben den Vorschriften dieses Buches entspricht. Dabei gelten die Grundsätze, die im Bereich des tätig gewordenen örtlichen Trägers zur Zeit des Tätigwerdens angewandt werden.

(2) Kosten unter 1 000 Euro werden nur bei vorläufigen Maßnahmen zum Schutz von Kindern und Jugendlichen (§ 89b), bei fortdauernder oder vorläufiger Leistungsverpflichtung (§ 89c) und bei Gewährung von Jugendhilfe nach der Einreise (§ 89d) erstattet. Verzugszinsen können nicht verlangt werden.

-

§ 89g Landesrechtsvorbehalt

Durch Landesrecht können die Aufgaben des Landes und des überörtlichen Trägers nach diesem Abschnitt auf andere Körperschaften des öffentlichen Rechts übertragen werden.

-

§ 89h Übergangsvorschrift

(1) Für die Erstattung von Kosten für Maßnahmen der Jugendhilfe nach der Einreise gemäß § 89d, die vor dem 1. Juli 1998 begonnen haben, gilt die nachfolgende Übergangsvorschrift.

(2) Kosten, für deren Erstattung das Bundesverwaltungsamt vor dem 1. Juli 1998 einen erstattungspflichtigen überörtlichen Träger bestimmt hat, sind nach den bis zu diesem Zeitpunkt geltenden Vorschriften zu erstatten. Erfolgt die Bestimmung nach dem 30. Juni 1998, so sind § 86 Absatz 7, § 89b Absatz 3, die §§ 89d und 89g in der ab dem 1. Juli 1998 geltenden Fassung anzuwenden.

Achtes Kapitel
Kostenbeteiligung

Erster Abschnitt
Pauschalierte Kostenbeteiligung

§ 90 Pauschalierte Kostenbeteiligung

(1) Für die Inanspruchnahme von Angeboten

1.

der Jugendarbeit nach § 11,

2.

der allgemeinen Förderung der Erziehung in der Familie nach § 16 Absatz 1, Absatz 2 Nummer 1 und 3 und

3.

der Förderung von Kindern in Tageseinrichtungen und Kindertagespflege nach den §§ 22 bis 24

können Kostenbeiträge festgesetzt werden. Soweit Landesrecht nichts anderes bestimmt, sind Kostenbeiträge, die für die Inanspruchnahme von Tageseinrichtungen und von Kindertagespflege zu entrichten sind, zu staffeln. Als Kriterien können insbesondere das Einkommen, die Anzahl der kindergeldberechtigten Kinder in der Familie und die tägliche Betreuungszeit berücksichtigt werden. Werden die Kostenbeiträge nach dem Einkommen berechnet, bleibt die Eigenheimzulage nach dem Eigenheimzulagengesetz außer Betracht.

(2) In den Fällen des Absatzes 1 Nummer 1 und 2 kann der Kostenbeitrag auf Antrag ganz oder teilweise erlassen oder ein Teilnahmebeitrag auf Antrag ganz oder teilweise vom Träger der öffentlichen Jugendhilfe übernommen werden, wenn

1.

die Belastung

a)

dem Kind oder dem Jugendlichen und seinen Eltern oder

b)

dem jungen Volljährigen

nicht zuzumuten ist und

2.

die Förderung für die Entwicklung des jungen Menschen erforderlich ist. Lebt das Kind oder der Jugendliche nur mit einem Elternteil zusammen, so tritt dieser an die Stelle der Eltern.

(3) Im Fall des Absatzes 1 Nummer 3 soll der Kostenbeitrag auf Antrag ganz oder teilweise erlassen oder ein Teilnahmebeitrag auf Antrag ganz oder teilweise vom Träger der öffentlichen Jugendhilfe übernommen werden, wenn die Belastung den Eltern und dem Kind nicht zuzumuten ist. Absatz 2 Satz 2 gilt entsprechend.

(4) Für die Feststellung der zumutbaren Belastung gelten die §§ 82 bis 85,

87, 88 und 92a des Zwölften Buches entsprechend, soweit nicht Landesrecht eine andere Regelung trifft. Bei der Einkommensberechnung bleibt die Eigenheimzulage nach dem Eigenheimzulagengesetz außer Betracht.

Zweiter Abschnitt
Kostenbeiträge für stationäre und teilstationäre Leistungen sowie vorläufige Maßnahmen

–

§ 91 Anwendungsbereich

(1) Zu folgenden vollstationären Leistungen und vorläufigen Maßnahmen werden Kostenbeiträge erhoben:

1.

der Unterkunft junger Menschen in einer sozialpädagogisch begleiteten Wohnform (§ 13 Absatz 3),

2.

der Betreuung von Müttern oder Vätern und Kindern in gemeinsamen Wohnformen (§ 19),

3.

der Betreuung und Versorgung von Kindern in Notsituationen (§ 20),

4.

der Unterstützung bei notwendiger Unterbringung junger Menschen zur Erfüllung der Schulpflicht und zum Abschluss der Schulausbildung (§ 21),

5.

der Hilfe zur Erziehung

a)

in Vollzeitpflege (§ 33),

b)

in einem Heim oder einer sonstigen betreuten Wohnform (§ 34),

c)

in intensiver sozialpädagogischer Einzelbetreuung (§ 35), sofern sie außerhalb des Elternhauses erfolgt,

d)

auf der Grundlage von § 27 in stationärer Form,

6.

der Eingliederungshilfe für seelisch behinderte Kinder und Jugendliche durch geeignete Pflegepersonen sowie in Einrichtungen über Tag und Nacht und in sonstigen Wohnformen (§ 35a Absatz 2 Nummer 3 und 4),

7.

der Inobhutnahme von Kindern und Jugendlichen (§ 42),

8.

der Hilfe für junge Volljährige, soweit sie den in den Nummern 5 und 6 genannten Leistungen entspricht (§ 41).

(2) Zu folgenden teilstationären Leistungen werden Kostenbeiträge erhoben:

1.

der Betreuung und Versorgung von Kindern in Notsituationen nach § 20,

2.

Hilfe zur Erziehung in einer Tagesgruppe nach § 32 und anderen teilstationären Leistungen nach § 27,

3.

Eingliederungshilfe für seelisch behinderte Kinder und Jugendliche in Tageseinrichtungen und anderen teilstationären Einrichtungen nach § 35a Absatz 2 Nummer 2 und

4.

Hilfe für junge Volljährige, soweit sie den in den Nummern 2 und 3 genannten Leistungen entspricht (§ 41).

(3) Die Kosten umfassen auch die Aufwendungen für den notwendigen Unterhalt und die Krankenhilfe.

(4) Verwaltungskosten bleiben außer Betracht.

(5) Die Träger der öffentlichen Jugendhilfe tragen die Kosten der in den Absätzen 1 und 2 genannten Leistungen unabhängig von der Erhebung eines Kostenbeitrags.

-

§ 92 Ausgestaltung der Heranziehung

(1) Aus ihrem Einkommen nach Maßgabe der §§ 93 und 94 heranzuziehen sind:

1.

Kinder und Jugendliche zu den Kosten der in § 91 Absatz 1 Nummer 1 bis 7 genannten Leistungen und vorläufigen Maßnahmen,

2.

junge Volljährige zu den Kosten der in § 91 Absatz 1 Nummer 1, 4 und 8 genannten Leistungen,

3.

Leistungsberechtigte nach § 19 zu den Kosten der in § 91 Absatz 1 Nummer 2 genannten Leistungen,

4.

Ehegatten und Lebenspartner junger Menschen und Leistungsberechtigter nach § 19 zu den Kosten der in § 91 Absatz 1 und 2 genannten Leistungen und vorläufigen Maßnahmen,

5.

Elternteile zu den Kosten der in § 91 Absatz 1 genannten Leistungen und vorläufigen Maßnahmen; leben sie mit dem jungen Menschen zusammen, so werden sie auch zu den Kosten der in § 91 Absatz 2 genannten Leistungen herangezogen.

(1a) Zu den Kosten vollstationärer Leistungen sind junge Volljährige und volljährige Leistungsberechtigte nach § 19 zusätzlich aus ihrem Vermögen nach Maßgabe der §§ 90 und 91 des Zwölften Buches heranzuziehen.

(2) Die Heranziehung erfolgt durch Erhebung eines Kostenbeitrags, der durch Leistungsbescheid festgesetzt wird; Elternteile werden getrennt herangezogen.

(3) Ein Kostenbeitrag kann bei Eltern, Ehegatten und Lebenspartnern ab dem Zeitpunkt erhoben werden, ab welchem dem Pflichtigen die Gewährung der Leistung mitgeteilt und er über die Folgen für seine Unterhaltspflicht gegenüber dem jungen Menschen aufgeklärt wurde. Ohne vorherige Mitteilung kann ein Kostenbeitrag für den Zeitraum erhoben werden, in welchem der Träger der öffentlichen Jugendhilfe aus rechtlichen oder tatsächlichen Gründen, die in den Verantwortungsbereich des Pflichtigen fallen, an der Geltendmachung gehindert war. Entfallen diese Gründe, ist der Pflichtige unverzüglich zu unterrichten.

(4) Ein Kostenbeitrag kann nur erhoben werden, soweit Unterhaltsansprüche vorrangig oder gleichrangig Berechtigter nicht geschmälert werden. Von der Heranziehung der Eltern ist abzusehen, wenn das Kind, die Jugendliche, die junge Volljährige oder die Leistungsberechtigte nach § 19 schwanger ist oder der junge Mensch oder die nach § 19 leistungsberechtigte Person ein leibliches Kind bis zur Vollendung des sechsten Lebensjahres betreut.

(5) Von der Heranziehung soll im Einzelfall ganz oder teilweise abgesehen werden, wenn sonst Ziel und Zweck der Leistung gefährdet würden oder sich aus der Heranziehung eine besondere Härte ergäbe. Von der Heranziehung kann abgesehen werden, wenn anzunehmen ist, dass der damit verbundene Verwaltungsaufwand in keinem angemessenen Verhältnis zu dem Kostenbeitrag stehen wird.

-

§ 93 Berechnung des Einkommens

(1) Zum Einkommen gehören alle Einkünfte in Geld oder Geldeswert mit Ausnahme der Grundrente nach oder entsprechend dem Bundesversorgungsgesetz sowie der Renten und Beihilfen, die nach dem Bundesentschädigungsgesetz für einen Schaden an Leben sowie an Körper und Gesundheit gewährt werden bis zur Höhe der vergleichbaren Grundrente nach dem Bundesversorgungsgesetz. Eine Entschädigung, die nach § 253 Absatz 2 des Bürgerlichen Gesetzbuchs wegen eines Schadens, der nicht Vermögensschaden ist, geleistet wird, ist nicht als Einkommen zu berücksichtigen. Geldleistungen, die dem gleichen Zwecke wie die jeweilige

Leistung der Jugendhilfe dienen, zählen nicht zum Einkommen und sind unabhängig von einem Kostenbeitrag einzusetzen. Kindergeld und Leistungen, die auf Grund öffentlich-rechtlicher Vorschriften zu einem ausdrücklich genannten Zweck erbracht werden, sind nicht als Einkommen zu berücksichtigen.

(2) Von dem Einkommen sind abzusetzen

1.

auf das Einkommen gezahlte Steuern und

2.

Pflichtbeiträge zur Sozialversicherung einschließlich der Beiträge zur Arbeitsförderung sowie

3.

nach Grund und Höhe angemessene Beiträge zu öffentlichen oder privaten Versicherungen oder ähnlichen Einrichtungen zur Absicherung der Risiken Alter, Krankheit, Pflegebedürftigkeit und Arbeitslosigkeit.

(3) Von dem nach den Absätzen 1 und 2 errechneten Betrag sind Belastungen der kostenbeitragspflichtigen Person abzuziehen. Der Abzug erfolgt durch eine Kürzung des nach den Absätzen 1 und 2 errechneten Betrages um pauschal 25 vom Hundert. Sind die Belastungen höher als der pauschale Abzug, so können sie abgezogen werden, soweit sie nach Grund und Höhe angemessen sind und die Grundsätze einer wirtschaftlichen Lebensführung nicht verletzen. In Betracht kommen insbesondere

1.

Beiträge zu öffentlichen oder privaten Versicherungen oder ähnlichen Einrichtungen,

2.

die mit der Erzielung des Einkommens verbundenen notwendigen Ausgaben,

3.

Schuldverpflichtungen.

Die kostenbeitragspflichtige Person muss die Belastungen nachweisen.

(4) Maßgeblich ist das durchschnittliche Monatseinkommen, das die kostenbeitragspflichtige Person in dem Kalenderjahr erzielt hat, welches dem jeweiligen Kalenderjahr der Leistung oder Maßnahme vorangeht. Auf Antrag der kostenbeitragspflichtigen Person wird dieses Einkommen nachträglich durch das durchschnittliche Monatseinkommen ersetzt, welches die Person in dem jeweiligen Kalenderjahr der Leistung oder Maßnahme erzielt hat. Der Antrag kann innerhalb eines Jahres nach Ablauf dieses Kalenderjahres gestellt werden. Macht die kostenbeitragspflichtige Person glaubhaft, dass die Heranziehung zu den Kosten aus dem Einkommen nach Satz 1 in einem bestimmten Zeitraum eine besondere Härte für sie ergäbe, wird vorläufig von den glaubhaft gemachten, dem Zeitraum entsprechenden Monatseinkommen

ausgegangen; endgültig ist in diesem Fall das nach Ablauf des Kalenderjahres zu ermittelnde durchschnittliche Monatseinkommen dieses Jahres maßgeblich.

-

§ 94 Umfang der Heranziehung

(1) Die Kostenbeitragspflichtigen sind aus ihrem Einkommen in angemessenem Umfang zu den Kosten heranzuziehen. Die Kostenbeiträge dürfen die tatsächlichen Aufwendungen nicht überschreiten. Eltern sollen nachrangig zu den jungen Menschen herangezogen werden. Ehegatten und Lebenspartner sollen nachrangig zu den jungen Menschen, aber vorrangig vor deren Eltern herangezogen werden.

(2) Für die Bestimmung des Umfangs sind bei jedem Elternteil, Ehegatten oder Lebenspartner die Höhe des nach § 93 ermittelten Einkommens und die Anzahl der Personen, die mindestens im gleichen Range wie der untergebrachte junge Mensch oder Leistungsberechtigte nach § 19 unterhaltsberechtigt sind, angemessen zu berücksichtigen.

(3) Werden Leistungen über Tag und Nacht außerhalb des Elternhauses erbracht und bezieht einer der Elternteile Kindergeld für den jungen Menschen, so hat dieser unabhängig von einer Heranziehung nach Absatz 1 Satz 1 und 2 und nach Maßgabe des Absatzes 1 Satz 3 und 4 einen Kostenbeitrag in Höhe des Kindergeldes zu zahlen. Zahlt der Elternteil den Kostenbeitrag nach Satz 1 nicht, so sind die Träger der öffentlichen Jugendhilfe insoweit berechtigt, das auf dieses Kind entfallende Kindergeld durch Geltendmachung eines Erstattungsanspruchs nach § 74 Absatz 2 des Einkommensteuergesetzes in Anspruch zu nehmen.

(4) Werden Leistungen über Tag und Nacht erbracht und hält sich der junge Mensch nicht nur im Rahmen von Umgangskontakten bei einem Kostenbeitragspflichtigen auf, so ist die tatsächliche Betreuungsleistung über Tag und Nacht auf den Kostenbeitrag anzurechnen.

(5) Für die Festsetzung der Kostenbeiträge von Eltern, Ehegatten und Lebenspartnern junger Menschen und Leistungsberechtigter nach § 19 werden nach Einkommensgruppen gestaffelte Pauschalbeträge durch Rechtsverordnung des zuständigen Bundesministeriums mit Zustimmung des Bundesrates bestimmt.

(6) Bei vollstationären Leistungen haben junge Menschen und Leistungsberechtigte nach § 19 nach Abzug der in § 93 Absatz 2 genannten Beträge 75 Prozent ihres Einkommens als Kostenbeitrag einzusetzen. Es kann ein geringerer Kostenbeitrag erhoben oder gänzlich von der Erhebung des Kostenbeitrags abgesehen werden, wenn das Einkommen aus einer Tätigkeit stammt, die dem Zweck der Leistung dient. Dies gilt insbesondere, wenn es sich um eine Tätigkeit im sozialen oder kulturellen Bereich handelt,

bei der nicht die Erwerbstätigkeit, sondern das soziale oder kulturelle Engagement im Vordergrund stehen.

Dritter Abschnitt
Überleitung von Ansprüchen

-

§ 95 Überleitung von Ansprüchen

(1) Hat eine der in § 92 Absatz 1 genannten Personen für die Zeit, für die Jugendhilfe gewährt wird, einen Anspruch gegen einen anderen, der weder Leistungsträger im Sinne des § 12 des Ersten Buches noch Kostenbeitragspflichtiger ist, so kann der Träger der öffentlichen Jugendhilfe durch schriftliche Anzeige an den anderen bewirken, dass dieser Anspruch bis zur Höhe seiner Aufwendungen auf ihn übergeht.
(2) Der Übergang darf nur insoweit bewirkt werden, als bei rechtzeitiger Leistung des anderen entweder Jugendhilfe nicht gewährt worden oder ein Kostenbeitrag zu leisten wäre. Der Übergang ist nicht dadurch ausgeschlossen, dass der Anspruch nicht übertragen, verpfändet oder gepfändet werden kann.
(3) Die schriftliche Anzeige bewirkt den Übergang des Anspruchs für die Zeit, für die die Hilfe ohne Unterbrechung gewährt wird; als Unterbrechung gilt ein Zeitraum von mehr als zwei Monaten.
(4) Widerspruch und Anfechtungsklage gegen den Verwaltungsakt, der den Übergang des Anspruchs bewirkt, haben keine aufschiebende Wirkung.

-

§ 96 (weggefallen)

Vierter Abschnitt
Ergänzende Vorschriften

-

§ 97 Feststellung der Sozialleistungen

Der erstattungsberechtigte Träger der öffentlichen Jugendhilfe kann die Feststellung einer Sozialleistung betreiben sowie Rechtsmittel einlegen. Der Ablauf der Fristen, die ohne sein Verschulden verstrichen sind, wirkt nicht gegen ihn. Dies gilt nicht für die Verfahrensfristen, soweit der Träger der öffentlichen Jugendhilfe das Verfahren selbst betreibt.

-

§ 97a Pflicht zur Auskunft

(1) Soweit dies für die Berechnung oder den Erlass eines Kostenbeitrags oder die Übernahme eines Teilnahmebeitrags nach § 90 oder die Ermittlung eines Kostenbeitrags nach den §§ 92 bis 94 erforderlich ist, sind Eltern, Ehegatten und Lebenspartner junger Menschen sowie Leistungsberechtigter nach § 19 verpflichtet, dem örtlichen Träger über ihre Einkommensverhältnisse Auskunft zu geben. Junge Volljährige und volljährige Leistungsberechtigte nach § 19 sind verpflichtet, dem örtlichen Träger über ihre Einkommens- und Vermögensverhältnisse Auskunft zu geben. Eltern, denen die Sorge für das Vermögen des Kindes oder des Jugendlichen zusteht, sind auch zur Auskunft über dessen Einkommen verpflichtet. Ist die Sorge über das Vermögen des Kindes oder des Jugendlichen anderen Personen übertragen, so treten diese an die Stelle der Eltern.

(2) Soweit dies für die Berechnung der laufenden Leistung nach § 39 Absatz 6 erforderlich ist, sind Pflegepersonen verpflichtet, dem örtlichen Träger darüber Auskunft zu geben, ob der junge Mensch im Rahmen des Familienleistungsausgleichs nach § 31 des Einkommensteuergesetzes berücksichtigt wird oder berücksichtigt werden könnte und ob er ältestes Kind in der Pflegefamilie ist. Pflegepersonen, die mit dem jungen Menschen in gerader Linie verwandt sind, sind verpflichtet, dem örtlichen Träger über ihre Einkommens- und Vermögensverhältnisse Auskunft zu geben.

(3) Die Pflicht zur Auskunft nach den Absätzen 1 und 2 umfasst auch die Verpflichtung, Name und Anschrift des Arbeitgebers zu nennen, über die Art des Beschäftigungsverhältnisses Auskunft zu geben sowie auf Verlangen Beweisurkunden vorzulegen oder ihrer Vorlage zuzustimmen. Sofern landesrechtliche Regelungen nach § 90 Absatz 1 Satz 2 bestehen, in denen nach Einkommensgruppen gestaffelte Pauschalbeträge vorgeschrieben oder festgesetzt sind, ist hinsichtlich der Höhe des Einkommens die Auskunftspflicht und die Pflicht zur Vorlage von Beweisurkunden für die Berechnung des Kostenbeitrags nach § 90 Absatz 1 Nummer 3 auf die Angabe der Zugehörigkeit zu einer bestimmten Einkommensgruppe beschränkt.

(4) Kommt eine der nach den Absätzen 1 und 2 zur Auskunft verpflichteten Personen ihrer Pflicht nicht nach oder bestehen tatsächliche Anhaltspunkte für die Unrichtigkeit ihrer Auskunft, so ist der Arbeitgeber dieser Person verpflichtet, dem örtlichen Träger über die Art des Beschäftigungsverhältnisses und den Arbeitsverdienst dieser Person Auskunft zu geben; Absatz 3 Satz 2 gilt entsprechend. Der zur Auskunft verpflichteten Person ist vor einer Nachfrage beim Arbeitgeber eine angemessene Frist zur Erteilung der Auskunft zu setzen. Sie ist darauf hinzuweisen, dass nach Fristablauf die erforderlichen Auskünfte beim Arbeitgeber eingeholt werden.

(5) Die nach den Absätzen 1 und 2 zur Erteilung einer Auskunft Verpflichteten können die Auskunft verweigern, soweit sie sich selbst oder einen der in § 383 Absatz 1 Nummer 1 bis 3 der Zivilprozessordnung bezeichneten Angehörigen der Gefahr aussetzen würden, wegen einer Straftat oder einer Ordnungswidrigkeit verfolgt zu werden. Die Auskunftspflichtigen sind auf ihr Auskunftsverweigerungsrecht hinzuweisen.

-

§ 97b (weggefallen)

-

§ 97c Erhebung von Gebühren und Auslagen

Landesrecht kann abweichend von § 64 des Zehnten Buches die Erhebung von Gebühren und Auslagen regeln.

Neuntes Kapitel
Kinder- und Jugendhilfestatistik

-

§ 98 Zweck und Umfang der Erhebung

(1) Zur Beurteilung der Auswirkungen der Bestimmungen dieses Buches und zu seiner Fortentwicklung sind laufende Erhebungen über

1.
    Kinder und tätige Personen in Tageseinrichtungen,
2.
    Kinder und tätige Personen in öffentlich geförderter Kindertagespflege,
3.
    Personen, die mit öffentlichen Mitteln geförderte Kindertagespflege gemeinsam oder auf Grund einer Erlaubnis nach § 43 Absatz 3 Satz 3 in Pflegestellen durchführen, und die von diesen betreuten Kinder,
4.
    die Empfänger
    a)
        der Hilfe zur Erziehung,
    b)
        der Hilfe für junge Volljährige und
    c)
        der Eingliederungshilfe für seelisch behinderte Kinder und Jugendliche,
5.

Kinder und Jugendliche, zu deren Schutz vorläufige Maßnahmen getroffen worden sind,

6.

Kinder und Jugendliche, die als Kind angenommen worden sind,

7.

Kinder und Jugendliche, die unter Amtspflegschaft, Amtsvormundschaft oder Beistandschaft des Jugendamts stehen,

8.

Kinder und Jugendliche, für die eine Pflegeerlaubnis erteilt worden ist,

9.

Maßnahmen des Familiengerichts,

10.

Angebote der Jugendarbeit nach § 11 sowie Fortbildungsmaßnahmen für ehrenamtliche Mitarbeiter anerkannter Träger der Jugendhilfe nach § 74 Absatz 6,

11.

die Einrichtungen mit Ausnahme der Tageseinrichtungen, Behörden und Geschäftsstellen in der Jugendhilfe und die dort tätigen Personen sowie

12.

die Ausgaben und Einnahmen der öffentlichen Jugendhilfe

13.

Gefährdungseinschätzungen nach § 8a
als Bundesstatistik durchzuführen.
(2) Zur Verfolgung der gesellschaftlichen Entwicklung im Bereich der elterlichen Sorge sind im Rahmen der Kinder- und Jugendhilfestatistik auch laufende Erhebungen über Sorgeerklärungen durchzuführen.

-

§ 99 Erhebungsmerkmale

(1) Erhebungsmerkmale bei den Erhebungen über Hilfe zur Erziehung nach den §§ 27 bis 35, Eingliederungshilfe für seelisch behinderte Kinder und Jugendliche nach § 35a und Hilfe für junge Volljährige nach § 41 sind

1.

im Hinblick auf die Hilfe

a)

Art und Name des Trägers des Hilfe durchführenden Dienstes oder der Hilfe durchführenden Einrichtung,

b)

Art der Hilfe,

c)

Ort der Durchführung der Hilfe,

d)

Monat und Jahr des Beginns und Endes sowie Fortdauer der Hilfe,

e)

familienrichterliche Entscheidungen zu Beginn der Hilfe,

f)

Intensität der Hilfe,

g)

Hilfe anregende Institutionen oder Personen,

h)

Gründe für die Hilfegewährung,

i)

Grund für die Beendigung der Hilfe,

j)

vorangegangene Gefährdungseinschätzung nach § 8a Absatz 1,

k)

Einleitung der Hilfe im Anschluss an eine vorläufige Maßnahme zum Schutz von Kindern und Jugendlichen im Fall des § 42 Absatz 1 Satz 1 Nummer 3 sowie

2.

im Hinblick auf junge Menschen

a)

Geschlecht,

b)

Geburtsmonat und Geburtsjahr,

c)

Lebenssituation bei Beginn der Hilfe,

d)

anschließender Aufenthalt,

e)

nachfolgende Hilfe;

3.

bei sozialpädagogischer Familienhilfe nach § 31 und anderen familienorientierten Hilfen nach § 27 zusätzlich zu den unter den Nummern 1 und 2 genannten Merkmalen

a)

Geschlecht, Geburtsmonat und Geburtsjahr der in der Familie lebenden jungen Menschen sowie

b)

Zahl der außerhalb der Familie lebenden Kinder und Jugendlichen.

(2) Erhebungsmerkmale bei den Erhebungen über vorläufige Maßnahmen zum Schutz von Kindern und Jugendlichen sind Kinder und Jugendliche, zu deren Schutz Maßnahmen nach § 42 oder § 42a getroffen worden sind, gegliedert nach

1.

Art der Maßnahme, Art des Trägers der Maßnahme, Form der Unterbringung während der Maßnahme, Institution oder Personenkreis, die oder der die Maßnahme angeregt hat, Zeitpunkt des Beginns und Dauer der Maßnahme, Durchführung auf Grund einer vorangegangenen Gefährdungseinschätzung nach § 8a Absatz 1, Maßnahmeanlass, Art der anschließenden Hilfe,

2.

bei Kindern und Jugendlichen zusätzlich zu den unter Nummer 1 genannten Merkmalen nach Geschlecht, Altersgruppe zu Beginn der Maßnahme, Migrationshintergrund, Art des Aufenthalts vor Beginn der Maßnahme.

(3) Erhebungsmerkmale bei den Erhebungen über die Annahme als Kind sind

1.

angenommene Kinder und Jugendliche, gegliedert

a)

nach nationaler Adoption und internationaler Adoption nach § 2a des Adoptionsvermittlungsgesetzes,

b)

nach Geschlecht, Geburtsjahr, Staatsangehörigkeit und Art des Trägers des Adoptionsvermittlungsdienstes,

c)

nach Herkunft des angenommenen Kindes, Art der Unterbringung vor der Adoptionspflege, Familienstand der Eltern oder des sorgeberechtigten Elternteils oder Tod der Eltern zu Beginn der Adoptionspflege sowie Ersetzung der Einwilligung zur Annahme als Kind,

d)

zusätzlich bei der internationalen Adoption (§ 2a des Adoptionsvermittlungsgesetzes) nach Staatsangehörigkeit vor Ausspruch der Adoption und nach Herkunftsland,

e)

nach Staatsangehörigkeit der oder des Annehmenden und Verwandtschaftsverhältnis zu dem Kind,

2.

die Zahl der

a)

ausgesprochenen und aufgehobenen Annahmen sowie der abgebrochenen Adoptionspflegen, gegliedert nach Art des Trägers des Adoptionsvermittlungsdienstes,

b)

vorgemerkten Adoptionsbewerber, die zur Annahme als Kind vorgemerkten und in Adoptionspflege untergebrachten Kinder und Jugendlichen zusätzlich nach ihrem Geschlecht, gegliedert nach Art des Trägers des Adoptionsvermittlungsdienstes.

(4) Erhebungsmerkmal bei den Erhebungen über die Amtspflegschaft und die Amtsvormundschaft sowie die Beistandschaft ist die Zahl der Kinder und Jugendlichen unter

1.
   gesetzlicher Amtsvormundschaft,
2.
   bestellter Amtsvormundschaft,
3.
   bestellter Amtspflegschaft sowie
4.
   Beistandschaft,

gegliedert nach Geschlecht, Art des Tätigwerdens des Jugendamts sowie nach deutscher und ausländischer Staatsangehörigkeit (Deutsche/Ausländer).

(5) Erhebungsmerkmal bei den Erhebungen über

1.
   die Pflegeerlaubnis nach § 43 ist die Zahl der Tagespflegepersonen,
2.
   die Pflegeerlaubnis nach § 44 ist die Zahl der Kinder und Jugendlichen, gegliedert nach Geschlecht und Art der Pflege.

(6) Erhebungsmerkmale bei der Erhebung zum Schutzauftrag bei Kindeswohlgefährdung nach § 8a sind Kinder und Jugendliche, bei denen eine Gefährdungseinschätzung nach Absatz 1 vorgenommen worden ist, gegliedert

1.
   nach der die Gefährdungseinschätzung anregenden Institution oder Person, der Art der Kindeswohlgefährdung sowie dem Ergebnis der Gefährdungseinschätzung,
2.
   bei Kindern und Jugendlichen zusätzlich zu den in Nummer 1 genannten Merkmalen nach Geschlecht, Alter und Aufenthaltsort des Kindes oder Jugendlichen zum Zeitpunkt der Meldung sowie dem Alter der Eltern und der Inanspruchnahme einer Leistung gemäß den §§ 16 bis 19 sowie 27 bis 35a und der Durchführung einer Maßnahme nach § 42.

(6a) Erhebungsmerkmal bei den Erhebungen über Sorgeerklärungen und die gerichtliche Übertragung der gemeinsamen elterlichen Sorge nach § 1626a Absatz 1 Nummer 3 des Bürgerlichen Gesetzbuchs ist die gemeinsame elterliche Sorge nicht miteinander verheirateter Eltern, gegliedert danach, ob Sorgeerklärungen beider Eltern vorliegen oder den Eltern die elterliche Sorge aufgrund einer gerichtlichen Entscheidung ganz oder zum Teil gemeinsam übertragen worden ist.

(6b) Erhebungsmerkmal bei den Erhebungen über Maßnahmen des Familiengerichts ist die Zahl der Kinder und Jugendlichen, bei denen wegen einer Gefährdung ihres Wohls das familiengerichtliche Verfahren auf Grund einer Anrufung durch das Jugendamt nach § 8a Absatz 2 Satz 1 oder § 42 Absatz 3 Satz 2 Nummer 2 oder auf andere Weise eingeleitet worden ist und

1.

   den Personensorgeberechtigten auferlegt worden ist, Leistungen nach diesem Buch in Anspruch zu nehmen,

2.

   andere Gebote oder Verbote gegenüber den Personensorgeberechtigten oder Dritten ausgesprochen worden sind,

3.

   Erklärungen der Personensorgeberechtigten ersetzt worden sind,

4.

   die elterliche Sorge ganz oder teilweise entzogen und auf das Jugendamt oder einen Dritten als Vormund oder Pfleger übertragen worden ist,

gegliedert nach Geschlecht, Alter und zusätzlich bei Nummer 4 nach dem Umfang der übertragenen Angelegenheit.

(7) Erhebungsmerkmale bei den Erhebungen über Kinder und tätige Personen in Tageseinrichtungen sind

1.

   die Einrichtungen, gegliedert nach

   a)

      der Art und Name des Trägers und der Rechtsform sowie besonderen Merkmalen,

   b)

      der Zahl der genehmigten Plätze,

   c)

      der Art und Anzahl der Gruppen sowie

   d)

      die Anzahl der Kinder insgesamt,

2.

   für jede dort tätige Person

   a)

      Geschlecht und Beschäftigungsumfang,

   b)

      für das pädagogisch und in der Verwaltung tätige Personal zusätzlich Geburtsmonat und Geburtsjahr, die Art des Berufsausbildungsabschlusses, Stellung im Beruf, Art der Beschäftigung und Arbeitsbereich,

3.

für die dort geförderten Kinder

a)

Geschlecht, Geburtsmonat und Geburtsjahr sowie Schulbesuch,

b)

Migrationshintergrund,

c)

Betreuungszeit und Mittagsverpflegung,

d)

erhöhter Förderbedarf,

e)

Gruppenzugehörigkeit,

f)

Monat und Jahr der Aufnahme in der Tageseinrichtung.

(7a) Erhebungsmerkmale bei den Erhebungen über Kinder in mit öffentlichen Mitteln geförderter Kindertagespflege sowie die die Kindertagespflege durchführenden Personen sind:

1.

für jede tätige Person

a)

Geschlecht, Geburtsmonat und Geburtsjahr,

b)

Art und Umfang der Qualifikation, Anzahl der betreuten Kinder (Betreuungsverhältnisse am Stichtag) insgesamt und nach dem Ort der Betreuung,

2.

für die dort geförderten Kinder

a)

Geschlecht, Geburtsmonat und Geburtsjahr sowie Schulbesuch,

b)

Migrationshintergrund,

c)

Betreuungszeit und Mittagsverpflegung,

d)

Art und Umfang der öffentlichen Finanzierung und Förderung,

e)

erhöhter Förderbedarf,

f)

Verwandtschaftsverhältnis zur Pflegeperson,

g)

gleichzeitig bestehende andere Betreuungsarrangements,

h)

Monat und Jahr der Aufnahme in Kindertagespflege.

öffentlichen Mitteln geförderte Kindertagespflege gemeinsam oder auf Grund einer Erlaubnis nach § 43 Absatz 3 Satz 3 durchführen und die von diesen betreuten Kinder sind die Zahl der Tagespflegepersonen und die Zahl der von diesen betreuten Kinder jeweils gegliedert nach Pflegestellen.

(8) Erhebungsmerkmale bei den Erhebungen über die Angebote der Jugendarbeit nach § 11 sowie bei den Erhebungen über Fortbildungsmaßnahmen für ehrenamtliche Mitarbeiter anerkannter Träger der Jugendhilfe nach § 74 Absatz 6 sind offene und Gruppenangebote sowie Veranstaltungen und Projekte der Jugendarbeit, soweit diese mit öffentlichen Mitteln pauschal oder maßnahmenbezogen gefördert werden oder der Träger eine öffentliche Förderung erhält, gegliedert nach

1.

Art, Name und Rechtsform des Trägers,

2.

Dauer, Häufigkeit, Durchführungsort und Art des Angebots; zusätzlich bei schulbezogenen Angeboten die Art der kooperierenden Schule,

3.

Alter, Geschlecht sowie Art der Beschäftigung und Tätigkeit der bei der Durchführung des Angebots tätigen Personen,

4.

Zahl, Geschlecht und Alter der Teilnehmenden sowie der Besucher,

5.

Partnerländer und Veranstaltungen im In- oder Ausland bei Veranstaltungen und Projekten der internationalen Jugendarbeit.

(9) Erhebungsmerkmale bei den Erhebungen über die Einrichtungen, soweit sie nicht in Absatz 7 erfasst werden, sowie die Behörden und Geschäftsstellen in der Jugendhilfe und die dort tätigen Personen sind

1.

die Einrichtungen, gegliedert nach der Art der Einrichtung, der Art und Name des Trägers, der Rechtsform sowie der Art und Zahl der verfügbaren Plätze,

2.

die Behörden der öffentlichen Jugendhilfe sowie die Geschäftsstellen der Träger der freien Jugendhilfe, gegliedert nach der Art des Trägers und der Rechtsform,

3.

für jede haupt- und nebenberuflich tätige Person

a)

(weggefallen)

b)

(weggefallen)

c)

Geschlecht und Beschäftigungsumfang,

d)

für das pädagogische und in der Verwaltung tätige Personal zusätzlich Geburtsmonat und Geburtsjahr, Art des Berufsausbildungsabschlusses, Stellung im Beruf, Art der Beschäftigung und Arbeitsbereich.

(10) Erhebungsmerkmale bei der Erhebung der Ausgaben und Einnahmen der öffentlichen Jugendhilfe sind

1.

die Art des Trägers,

2.

die Ausgaben für Einzel- und Gruppenhilfen, gegliedert nach Ausgabe- und Hilfeart sowie die Einnahmen nach Einnahmeart,

3.

die Ausgaben und Einnahmen für Einrichtungen nach Arten gegliedert nach der Einrichtungsart,

4.

die Ausgaben für das Personal, das bei den örtlichen und den überörtlichen Trägern sowie den kreisangehörigen Gemeinden und Gemeindeverbänden, die nicht örtliche Träger sind, Aufgaben der Jugendhilfe wahrnimmt.

-

§ 100 Hilfsmerkmale

Hilfsmerkmale sind

1.

Name und Anschrift des Auskunftspflichtigen,

2.

für die Erhebungen nach § 99 die Kenn-Nummer der hilfeleistenden Stelle oder der auskunftsgebenden Einrichtung; soweit eine Hilfe nach § 28 gebietsübergreifend erbracht wird, die Kenn-Nummer des Wohnsitzes des Hilfeempfängers,

3.

für die Erhebungen nach § 99 Absatz 1, 2, 3 und 6 die Kenn-Nummer der betreffenden Person,

4.

Name und Telefonnummer sowie Faxnummer oder E-Mail-Adresse der für eventuelle Rückfragen zur Verfügung stehenden Person.

-

§ 101 Periodizität und Berichtszeitraum

(1) Die Erhebungen nach § 99 Absatz 1 bis 5 sowie nach Absatz 6a bis 7b und 10 sind jährlich durchzuführen, die Erhebungen nach § 99 Absatz 1, soweit sie die Eingliederungshilfe für seelisch behinderte Kinder und Jugendliche betreffen, beginnend 2007. Die Erhebung nach § 99 Absatz 6 erfolgt laufend. Die übrigen Erhebungen nach § 99 sind alle zwei Jahre durchzuführen, die Erhebungen nach § 99 Absatz 8 erstmalig für das Jahr 2015 und die Erhebungen nach § 99 Absatz 9 erstmalig für das Jahr 2014.
(2) Die Angaben für die Erhebung nach

1.

§ 99 Absatz 1 sind zu dem Zeitpunkt, zu dem die Hilfe endet, bei fortdauernder Hilfe zum 31. Dezember,

2.

bis 5. (weggefallen)

6.

§ 99 Absatz 2 sind zum Zeitpunkt des Endes einer vorläufigen Maßnahme,

7.

§ 99 Absatz 3 Nummer 1 sind zum Zeitpunkt der rechtskräftigen gerichtlichen Entscheidung über die Annahme als Kind,

8.

§ 99 Absatz 3 Nummer 2 Buchstabe a und Absatz 6a, 6b und 10 sind für das abgelaufene Kalenderjahr,

9.

§ 99 Absatz 3 Nummer 2 Buchstabe b und Absatz 4, 5 und 9 sind zum 31. Dezember,

10.

§ 99 Absatz 7, 7a und 7b sind zum 1. März,

11.

§ 99 Absatz 6 sind zum Zeitpunkt des Abschlusses der Gefährdungseinschätzung,

12.

§ 99 Absatz 8 sind für das abgelaufene Kalenderjahr
zu erteilen.

-

§ 102 Auskunftspflicht

(1) Für die Erhebungen besteht Auskunftspflicht. Die Angaben zu § 100 Nummer 4 sind freiwillig.
(2) Auskunftspflichtig sind

1.

die örtlichen Träger der Jugendhilfe für die Erhebungen nach § 99 Absatz 1 bis 10, nach Absatz 8 nur, soweit eigene Angebote gemacht wurden,

2.

die überörtlichen Träger der Jugendhilfe für die Erhebungen nach § 99 Absatz 3 und 7 und 8 bis 10, nach Absatz 8 nur, soweit eigene Angebote gemacht wurden,

3.

die obersten Landesjugendbehörden für die Erhebungen nach § 99 Absatz 7 und 8 bis 10,

4.

die fachlich zuständige oberste Bundesbehörde für die Erhebung nach § 99 Absatz 10,

5.

die kreisangehörigen Gemeinden und die Gemeindeverbände, soweit sie Aufgaben der Jugendhilfe wahrnehmen, für die Erhebungen nach § 99 Absatz 7 bis 10,

6.

die Träger der freien Jugendhilfe für Erhebungen nach § 99 Absatz 1, soweit sie eine Beratung nach § 28 oder § 41 betreffen, nach § 99 Absatz 8, soweit sie anerkannte Träger der freien Jugendhilfe nach § 75 Absatz 1 oder Absatz 3 sind, und nach § 99 Absatz 3, 7 und 9,

7.

Adoptionsvermittlungsstellen nach § 2 Absatz 2 des Adoptionsvermittlungsgesetzes aufgrund ihrer Tätigkeit nach § 1 des Adoptionsvermittlungsgesetzes sowie anerkannte Auslandsvermittlungsstellen nach § 4 Absatz 2 Satz 2 des Adoptionsvermittlungsgesetzes aufgrund ihrer Tätigkeit nach § 2a Absatz 3 Nummer 3 des Adoptionsvermittlungsgesetzes gemäß § 99 Absatz 3 Nummer 1 sowie gemäß § 99 Absatz 3 Nummer 2a für die Zahl der ausgesprochenen Annahmen und gemäß § 99 Absatz 3 Nummer 2b für die Zahl der vorgemerkten Adoptionsbewerber,

8.

die Leiter der Einrichtungen, Behörden und Geschäftsstellen in der Jugendhilfe für die Erhebungen nach § 99 Absatz 7 und 9.

(3) Zur Durchführung der Erhebungen nach § 99 Absatz 1, 2, 3, 7, 8 und 9 übermitteln die Träger der öffentlichen Jugendhilfe den statistischen Ämtern der Länder auf Anforderung die erforderlichen Anschriften der übrigen Auskunftspflichtigen.

-

§ 103 Übermittlung

(1) An die fachlich zuständigen obersten Bundes- oder Landesbehörden dürfen für die Verwendung gegenüber den gesetzgebenden Körperschaften und für Zwecke der Planung, jedoch nicht für die Regelung von Einzelfällen, vom Statistischen Bundesamt und den statistischen Ämtern der Länder Tabellen mit statistischen Ergebnissen übermittelt werden, auch soweit Tabellenfelder nur einen einzigen Fall ausweisen. Tabellen, deren Tabellenfelder nur einen einzigen Fall ausweisen, dürfen nur dann übermittelt werden, wenn sie nicht differenzierter als auf Regierungsbezirksebene, im Fall der Stadtstaaten auf Bezirksebene, aufbereitet sind.

(2) Für ausschließlich statistische Zwecke dürfen den zur Durchführung statistischer Aufgaben zuständigen Stellen der Gemeinden und Gemeindeverbände für ihren Zuständigkeitsbereich Einzelangaben aus der Erhebung nach § 99 mit Ausnahme der Hilfsmerkmale übermittelt werden, soweit die Voraussetzungen nach § 16 Absatz 5 des Bundesstatistikgesetzes gegeben sind.

(3) Die Ergebnisse der Kinder- und Jugendhilfestatistiken gemäß den §§ 98 und 99 dürfen auf der Ebene der einzelnen Gemeinde oder des einzelnen Jugendamtsbezirkes veröffentlicht werden.

Zehntes Kapitel
Straf- und Bußgeldvorschriften

-

§ 104 Bußgeldvorschriften

(1) Ordnungswidrig handelt, wer

1.

ohne Erlaubnis nach § 43 Absatz 1 oder § 44 Absatz 1 Satz 1 ein Kind oder einen Jugendlichen betreut oder ihm Unterkunft gewährt,

2.

entgegen § 45 Absatz 1 Satz 1, auch in Verbindung mit § 48a Absatz 1, ohne Erlaubnis eine Einrichtung oder eine sonstige Wohnform betreibt oder

3.

entgegen § 47 eine Anzeige nicht, nicht richtig, nicht vollständig oder nicht rechtzeitig erstattet oder eine Meldung nicht, nicht richtig, nicht vollständig oder nicht rechtzeitig macht oder

4.

entgegen § 97a Absatz 4 vorsätzlich oder fahrlässig als Arbeitgeber eine Auskunft nicht, nicht richtig oder nicht vollständig erteilt.

(2) Die Ordnungswidrigkeiten nach Absatz 1 Nummer 1, 3 und 4 können mit

einer Geldbuße bis zu fünfhundert Euro, die Ordnungswidrigkeit nach Absatz 1 Nummer 2 kann mit einer Geldbuße bis zu fünfzehntausend Euro geahndet werden.

-

§ 105 Strafvorschriften

Mit Freiheitsstrafe bis zu einem Jahr oder mit Geldstrafe wird bestraft, wer

1.

eine in § 104 Absatz 1 Nummer 1 oder 2 bezeichnete Handlung begeht und dadurch leichtfertig ein Kind oder einen Jugendlichen in seiner körperlichen, geistigen oder sittlichen Entwicklung schwer gefährdet oder

2.

eine in § 104 Absatz 1 Nummer 1 oder 2 bezeichnete vorsätzliche Handlung beharrlich wiederholt.

Elftes Kapitel
Schlussvorschriften

-

§ 106 Einschränkung eines Grundrechts

Durch § 42 Absatz 5 und § 42a Absatz 1 Satz 2 wird das Grundrecht auf Freiheit der Person (Artikel 2 Absatz 2 Satz 3 des Grundgesetzes) eingeschränkt.

www.ingramcontent.com/pod-product-compliance
Lightning Source LLC
Chambersburg PA
CBHW070822180526
45168CB00002B/716